PAOLO SERAFINI

L'OMBRA DELLE MANI FORTI

Segui come un'ombra i movimenti di Fondi, Banche, Broker e Grandi Istituzionali per guadagnare tutti i giorni dai mercati finanziari

INDICE

ISBN 979-12-200-7013-3

L'OMBRA DELLE MANI FORTI

Segui come un'ombra i movimenti di Fondi, Banche, Broker e Grandi Istituzionali per guadagnare tutti i giorni dai mercati finanziari

Introduzione

Caro trader o aspirante trader,

io non credo né al caso né al destino pertanto sono convinto che, se tu in questo momento stai leggendo queste parole, c'è un motivo ben preciso.

Non so esattamente cosa ti ha spinto a comprare questo libro ma a me piace pensare che, metaforicamente parlando, tu abbia ricevuto una sorta di chiamata.

Per qualche motivo è il mondo del trading che ti sta chiamando.

Magari sei attratto dalle enormi possibilità di guadagno che questo settore offre...

O semplicemente stai cercando un modo per avere un'entrata aggiuntiva al tuo attuale lavoro...

O chissà, magari ambisci a raggiungere quella che molti chiamano "Libertà Finanziaria"...

Oppure ancora ti attira la possibilità di poter lavorare da qualunque parte del mondo senza dover dipendere da nessuno se non da te stesso.

Bene, sono tutti desideri assolutamente legittimi.

Mi piacerebbe dirti che grazie al trading chiunque può guadagnare facilmente denaro a sufficienza per realizzare i propri sogni.
Mi piacerebbe garantirti che nel giro di pochi mesi potrai lavorare tranquillamente a bordo di una piscina, sorseggiando il tuo cocktail preferito.
Mi piacerebbe anche poterti promettere qualche scorciatoia per raggiungere questi risultati.

Ma non lo farò perché questa non è la realtà.

Il trading è il lavoro più bello ma anche il più difficile del mondo. Non è un lavoro alla portata di tutti e soprattutto non è un lavoro che si può imparare velocemente.

Ci vuole tanto tempo e tanta dedizione per diventare un trader professionista.

Tuttavia se sei disposto a compiere i sacrifici necessari per diventarlo, allora grazie al trading potrai toglierti quasi tutti gli sfizi che il denaro può comprare e soprattutto potrai vivere la vita che veramente desideri.

Ma, torno a ripetere, non è né facile, né veloce e non ci sono scorciatoie.

Devi affrontare un viaggio lungo e tortuoso in un mondo di cui, molto probabilmente, non conosci ancora le regole. E purtroppo io non posso nemmeno fornirti una mappa perché ogni trader ha il suo percorso ben preciso che deve seguire.

È questo è lo scopo per cui ho scritto questo libro, posso descriverti le regole di questo mondo e metterti in guardia dagli ostacoli che dovrai superare. In questo modo ti potrai preparare al meglio per questo viaggio e, se alla fine di questo libro lo desidererai, io sarò felice e onorato di farti da mentore.

Forse ti starai chiedendo chi sono io per dirti tutto ciò.

Quindi, lascia che mi presenti.

Mi chiamo Paolo Serafini, sono un trader professionista da oltre 20 anni nei quali ho eseguito più di 5 Milioni di operazioni sui mercati finanziari.

In questo preciso istante sto scrivendo dalla mia sala trading di Cavarzere. L'asta di chiusura dei mercati è terminata da pochi minuti e io mi accingo a intraprendere quest'avventura letteraria.

Voglio essere assolutamente sincero con te. Questo libro non è stata una mia idea e sono stato quasi costretto a scriverlo.

Dopo aver pubblicato "The Scalper" nel 2008 non avrei mai pensato di dovermi cimentare a scrivere un altro libro che parla di trading.

Infatti se fai una ricerca in rete scoprirai che ce ne sono già forse fin troppi. Tuttavia, sfogliandone qualcuno, mi sono reso conto che tutti questi libri sono scritti da persone che nella realtà difficilmente guadagnano tutti i giorni dal mercato.

I pochi che hanno un qualche senso, almeno dal punto di vista teorico, sono delle scopiazzature grossolane del libro di John Murphy *"Analisi tecnica dei mercati finanziari"*. Anche se nel mio metodo non utilizzo l'analisi tecnica spiegata in quel libro, se proprio vuoi leggere un libro tecnico vai all'origine e leggi quello.

Ma la cosa che mi ha convinto a cimentarmi in questa impresa è il fatto che non esisteva nessun libro che parlasse, almeno a grandi linee, del percorso che un aspirante trader deve compiere per imparare a guadagnare quotidianamente dai mercati finanziari.

Ho usato il termine percorso perché, come ho già detto e come ripeterò più volte all'interno di questo libro, la strada è molto lunga e impegnativa.

Quindi, da un certo punto di vista questo volume ha lo scopo di metterti in guardia e dissuaderti dall'intraprendere questo viaggio se non sei ancora pronto a compierlo.

D'altro canto, ha anche lo scopo di indicarti la via da seguire nel caso tu fossi abbastanza determinato per avventurarti in un viaggio che ti porterà a diventare un trader profittevole.

Questo che hai in mano, quindi, non è un volume tecnico.

Al suo interno troverai un solo capitolo dove spiego nei dettagli un pattern grafico e ho deciso alla fine di inserirlo per darti un assaggio concreto delle tecniche che insegno ai miei studenti.

Gli altri capitoli descrivono il mondo del trader sotto vari punti di vista e le difficoltà che dovrai affrontare se deciderai di intraprendere questo viaggio.

Nel primo capitolo ti racconterò la mia storia perché è importante che tu mi conosca meglio e che tu capisca come sono diventato quello che sono. Solo così potrai decidere se vale la pena fidarti di me e proseguire la lettura.

Nel secondo capitolo ti aiuterò a capire come funzionano i mercati e da quali forze sono regolati. In questo capitolo capirai perché utilizzare solo l'analisi tecnica è una scelta che ti può costare cara. Ti spiegherò infatti chi sono gli istituzionali, o come spesso li chiamo "Le Mani Forti", e come riescono, grazie ai loro enormi capitali, a speculare nei mercati a danni dei piccoli trader.
Tuttavia, sempre in questo capitolo, ti presenterò anche l'arma segreta che io stesso utilizzo per trasformare Le Mani Forti da nemici ad alleati.

Il terzo capitolo è dedicato interamente alla psicologia del trader vincente. È un capitolo molto importante perché molti trader falliscono nonostante abbiano un'ottima conoscenza del mercato e delle strategie di trading, proprio perché non hanno il giusto atteggiamento mentale. Fortunatamente, come ti spiegherò nel capitolo, il giusto atteggiamento mentale non è una cosa innata ma è una cosa che puoi allenare e io ti darò qualche stratagemma per iniziare a farlo.

Come già ti ho accennato, il quarto capitolo è dedicato a una tecnica che io utilizzo quotidianamente e che può essere contestualizzata per trarre profitto dai movimenti delle Mani Forti.

Il quinto capitolo è una sorta di roadmap del trader professionista. Partendo dal presupposto che quando inizierai a operare in reale comunque non avrai la stessa esperienza che posso avere io che opero da 20 anni, ti spiegherò i vari strumenti che puoi utilizzare per far pratica e, mano a mano che diventi più abile e sicuro di quello che fai, gli strumenti con cui puoi guadagnare più velocemente (Attenzione, possono anche farti perdere tutto più velocemente, quindi sono da usare solo dopo aver accumulato una discreta esperienza).

Nel sesto capitolo ti spiegherò il sistema che uso quotidianamente per operare nei mercati e che mi consente di guadagnare ogni singolo giorno.

E infine, il settimo capitolo l'ho dedicato a raccontarti come puoi proseguire il percorso con me, avendomi al tuo fianco come mentore, e quali sono i passi che ho già preparato per te per diventare un trader profittevole nel minor tempo possibile.

Per chiudere lascerò la parola a qualche mio studente in modo che tu possa apprendere anche dalle esperienze e dagli errori di altri trader.

Con questo è tutto. Spero proprio che questo libro ti possa

essere utile per intraprendere il viaggio per diventare un trader professionista.

Buona lettura.

Paolo Serafini

PS: Se desideri metterti in contatto con me, trovi tutte le informazioni – e un sacco di risorse gratuite – sul mio sito www topborsa com

Capitolo 1
La mia storia

1.1 – Dall'ospedale all'azienda di famiglia

Sono nato nel lontano 1961 a Cavarzere in provincia di Venezia.

Mio padre era un tecnico radiologo, mentre mia madre commercializzava dei testi didattici di taglio e cucito scritti da lei.

All'età di 4 anni sono stato colpito da nefrosi lipoidea, una rara malattia ai reni che mi ha accompagnato fino all'età di 14 anni.

Gran parte di quei 10 lunghi anni della mia infanzia li ho trascorsi in ospedale.

Quando non ero ricoverato dovevo comunque passare molto tempo rinchiuso in casa, spesso a letto. Non potevo uscire a giocare all'aperto come gli altri bambini.

Tuttavia, quando mi sentivo un po' meglio, mi era concesso uscire, ma solo se la concentrazione di albumina nelle mie urine era bassa.

Era questa la condizione imposta dai medici.

Ti lascio immaginare cosa volesse dire per un bambino di 10 anni essere costretto per mesi a letto.

Non appena me la sentivo, non c'era albumina che mi potesse fermare, e per non correre rischi, avevo preso l'abitudine di diluire le mie urine con l'acqua.

In questo modo ero tranquillo che avrebbero passato l'esame della cartina tornasole e mia madre mi avrebbe permesso di uscire all'aperto a giocare.

Poveri i miei genitori. La voglia di vivere non mi mancava e quando stavo bene davo sfogo a tutta la mia vivacità facendoli disperare.

Nonostante la malattia mi abbia precluso un'infanzia spensierata, mi ritengo fortunato perché all'inizio dell'adolescenza sono completamente guarito.

In quegli anni, mio malgrado, ho iniziato a sviluppare due qualità che hanno contribuito al mio successo come trader.

La prima è la pazienza, una qualità usata ogni singolo giorno da ogni trader profittevole.

Se ritieni di non averne abbastanza è bene che inizi ad allenarla immediatamente perché, purtroppo, molti trader ne sono sprovvisti.

Noto spesso che alcuni miei corsisti, quando vengono a trovarmi nella mia sala trading qui a Cavarzere, proprio non ce la fanno ad aspettare il momento giusto per entrare nel mercato. Sono lì, davanti allo schermo, fissano i grafici che si muovono e fremono dalla voglia di cliccare.

È quasi come se si sentissero in colpa per il fatto di non fare delle operazioni, come se non stessero effettivamente lavorando.

In parte li capisco. In un lavoro "normale" difficilmente si viene pagati per restarsene fermi.

Tuttavia nel trading è diverso.

Ci sono giorni in cui il mercato si muove come una pallina da flipper impazzita ed è meglio starne fuori per non rischiare di perdere i propri soldi.

Con ciò vado un po' controcorrente perché quando i mercati si muovono velocemente ci sono anche tante opportunità di guadagno.

Ma rischiare troppo è una strategia che alla lunga non paga.

Come ti spiegherò nei prossimi capitoli, con il mio metodo di lavoro non mi occupo dei guadagni, ma delle perdite.

Forse ti sembra controintuitivo ma i guadagni sono capaci da soli di badare a sé stessi, mentre alle perdite ci devi badare tu.

Presta attenzione a quello che ti sto per dire.

Se vuoi diventare un trader costante e profittevole nel lungo periodo, per prima cosa devi pensare a non perdere.

La seconda caratteristica che ho sviluppato in quegli anni non è indispensabile per un trader professionista, anzi, spesso può essere dannosa.

Sto parlando della propensione ad arrangiarsi e cavarsela da soli.

Può essere dannosa perché, al giorno d'oggi, imparare a fare trading senza un mentore ti espone a dei rischi inutili, e allunga notevolmente la tua curva di apprendimento.

Io l'ho fatto. Ci ho messo anni e mi è andata bene. Obiettivamente erano tempi in cui era più facile fare questo lavoro e nonostante ciò, il mercato qualche legnata sui denti me l'ha tirata lo stesso.

Tuttavia, come ti dicevo, anche questa caratteristica mi è stata utile nella mia carriera di trader, perché mi ha consentito di teorizzare molti dei pattern grafici e delle strategie che uso quotidianamente, e che oggi insegno ai miei allievi.

Gli anni trascorsi avanti e indietro dagli ospedali avrebbero potuto farmi assumere l'atteggiamento della vittima.

Fortunatamente non è stato così e invece ho sviluppato una forte propensione all'indipendenza.

Ero molto cocciuto. Per esempio non volevo per nessun motivo che i miei genitori mi accompagnassero a scuola. O ci andavo da solo o non ci andavo affatto.

Se mi veniva assegnato qualche compito che mi risultava particolarmente ostico, non chiedevo e non accettavo l'aiuto di nessuno.

Volevo cavarmela da solo e ci sbattevo la testa fino a quando ne venivo a capo.

È stato questo forte desiderio di indipendenza che mi ha portato a trovare un lavoro che posso svolgere senza dipendere da nessuno, senza vincoli, senza collaboratori, senza fornitori.

Se stai leggendo questo libro probabilmente anche tu hai un desiderio di indipendenza simile al mio.

Bene, ti garantisco che la vita del trader è una delle poche strade che possono soddisfare questo desiderio.

Cos'altro ti posso dire di me prima di raccontarti di come mi sono avvicinato al mondo del trading...

Ah sì. La mia grande passione che mi accompagna da una vita. Il Tennis.

Ho iniziato a praticare questo sport più o meno quando ho

smesso di fare la spola tra casa ed ospedale. Quindi circa all'età di 14 anni.

Mi sono tolto delle belle soddisfazioni ma non sono mai stato un talento naturale.

La mia tenacia e voglia di arrangiarmi da solo mi aveva consentito di arrivare a un discreto livello da autodidatta. Ma a un certo punto della mia carriera non miglioravo più. C'erano dei giocatori che sulla carta erano al mio stesso livello, ma io non riuscivo proprio a batterli.

Fu così che decisi di farmi allenare da un maestro. Ma non un maestro qualunque. Cercai e pagai di tasca mia un maestro che avesse la mia stessa passione per il tennis e che, soprattutto, **prima di insegnare avesse dimostrato sul campo di essere un bravo giocatore**.

Anche a te sembra un ragionamento sensato, vero?

Peccato che nel mondo del trading spesso non sia così.

Che tu ci creda o no, è fin troppo facile trovare degli individui che ti vogliono insegnare a fare trading senza essere dei trader profittevoli.

Magari hanno letto qualche tecnica sui libri e te la riportano pari pari senza essere mai riusciti ad applicarla nel mercato reale.

Purtroppo molti ragazzi perdono i propri risparmi, o peggio ancora i risparmi dei propri genitori, seguendo i consigli di questi individui. E questa è la cosa che mi rattrista di più ed è anche uno dei motivi che mi ha convinto a scrivere questo libro.

Comunque, tornando al tennis...

L'anno in cui presi il maestro non pensavo a nient'altro se non a migliorare il mio gioco. Altre forme di svago o divertimento non mi interessavano più.

I miei genitori avevano una casa in montagna e d'inverno andavamo spesso a sciare. Ma non quell'anno.

O meglio, i miei genitori e mio fratello ci andarono. Io preferii restare a Cavarzere per continuare ad allenarmi.

Non volevo che lo sci mi distogliesse dal tennis.

Chiamala fissazione se vuoi, io preferisco chiamarla magnifica ossessione. La vita mi ha dato ragione insegnandomi che per raggiungere dei risultati importanti ci vuole tanta dedizione e tanto tempo.

Non si diventa campioni di tennis da un giorno all'altro e allo stesso modo non puoi aspettarti di imparare a fare trading dalla sera alla mattina.

Quindi, se ti aspetti che il trading sia un metodo facile e veloce per arricchirti senza sforzo, puoi anche chiudere subito questo libro perché non sono in grado di aiutarti.

Viceversa, se sei consapevole che per ottenere buoni risultati nel trading, come in qualsiasi altro settore, ci vogliono impegno e costanza, allora continua a leggere.

Nelle prossime pagine potrai capire tramite la mia esperienza se il mondo del trading può fare al caso tuo, e nei prossimi capitoli scoprirai i princìpi su cui si basa il mio metodo, lo stesso che mi ha permesso di diventare un trader profittevole ogni singolo giorno.

Ma prima lascia che ti racconti ancora qualche aneddoto per farti capire in che modo sono diventato un trader.
Facciamo un salto di qualche anno e arriviamo al 1982.

Durante le scuole medie e superiori avevo mostrato una forte propensione per le materie tecniche e per la matematica in particolare, materia che mi appassionava al punto da prendere quasi sempre 10.

Ero naturalmente attratto dai numeri, dalle percentuali e da tutto quello che aveva a che fare con la logica e la statistica.

Per un certo periodo di tempo ho anche giocato a totocalcio con un gruppo di amici, creando dei sistemi basati quasi per intero sulla statistica.

Abbiamo fatto parecchi dodici e quattro tredici, però senza mai diventare ricchi. Infatti, a parte la soddisfazione, una volta ripagati dei costi delle giocate è sempre rimasto ben poco da dividere.

A parte questa parentesi ludica, non avevo idea di come mettere a frutto la mia naturale propensione per la matematica tanto che, quando fu il momento di iscrivermi all'università, non la assecondai e mi iscrissi alla facoltà di legge.

A dire il vero non frequentavo molto le aule universitarie visto che era più il tempo trascorso nei bar con gli amici che non quello che passavo in facoltà.

Il fatto è che a quel tempo non avevo idea di cosa fare della mia vita. Mi iscrissi alla facoltà di legge solo perché era la stessa scelta da un mio caro amico d'infanzia.

Stavo già maturando la decisione di abbandonare gli studi quando a fine anno mio padre si ammalò.

Come ti ho già detto, mio padre era un tecnico di radiologia in un'epoca in cui non c'erano le stesse protezioni dei giorni nostri. Probabilmente si era preso una dose eccessiva di radiazioni e venne colpito da un tumore fulminante. Ci lasciò dieci giorni dopo aver scoperto di essere malato.

A Gennaio del 1983 decisi definitivamente di dire addio all'università. Siccome mia madre aveva bisogno di aiuto nella sua azienda iniziai a lavorare con lei.

La ditta si chiamava "Centro Trimoda". Se la cerchi in rete vedrai che esiste ancora, anche se adesso ha sede in Toscana e non appartiene più alla nostra famiglia.

Come ti accennavo, il nostro business si basava sul commercio di libri didattici che venivano usati in tutta Italia nei corsi di taglio e cucito.

Insieme ai libri vendevamo anche delle squadre in plexiglass, realizzate su disegno di mia madre e usate dalle aspiranti sarte per realizzare i loro capi di abbigliamento.

Come in ogni piccola azienda di famiglia che si rispetti, io mi occupavo un po' di tutto.

La collana di libri era composta da 7 volumi, che venivano aggiornati in continuazione inserendo i disegni di nuovi capi alla moda. Il mio primo incarico fu quindi quello di disegnatore.

No, non disegnavo io i vestiti. Non ne sarei stato in grado. I modelli li disegnava e realizzava mia madre. Il mio compito era quello di riportarli fedelmente su lucido con la china, per poi passarli alla tipografia che li inseriva nei libri.

Oltre ai disegni mi occupavo di gran parte della gestione amministrativa, delle spedizioni dei volumi, della produzione delle squadre, della gestione dei fornitori, etc.

Insomma, di tutto ciò che c'era bisogno.

Il lavoro mi piaceva. Riuscii anche a dare un importante contributo al business decimando i costi di produzione delle squadre grazie all'introduzione di una nuova tecnologia.

Inoltre potevo organizzarmi come volevo e riuscivo ad avere anche tanto tempo libero che utilizzavo per studiare...

1.2 – La scoperta del trading

Nello stesso periodo in cui iniziai a lavorare nell'azienda di mia madre mossi i miei primi passi nel mondo della finanza. Avendo appena iniziato a lavorare non avevo molti soldi miei ma, in seguito alla morte di mio padre, mio fratello e io ricevemmo una piccola eredità.

Non erano soldi che avevo intenzione di spendere, pertanto decisi di investirli. Il grosso del capitale lo investii in sicuri titoli di stato, mentre con una parte, che ammontava a circa 3 milioni delle vecchie lire, decisi di tentare qualche investimento più azzardato direttamente sul mercato azionario italiano.

Ero attratto dal mondo degli investimenti già da qualche anno. Ricordo che seguivo attentamente i collegamenti da Piazza Affari di Everardo Dalla Noce che ogni giorno commentava l'andamento della Borsa al Tg della sera.

Il mondo della finanza mi affascinava perché ero attratto dalla logica statistica che lo governava, anche se ancora non ne conoscevo i segreti.

Ovviamente mi affascinavano anche tutte le leggende sugli enormi guadagni che si potevano ottenere.

Allo stesso tempo però ero molto spaventato.
La mia famiglia mi aveva inculcato un profondo rispetto per il denaro e nella mia testa il termine "giocare in Borsa" strideva come le unghie sulla lavagna.

Per me non era un gioco. Non volevo prendere sotto gamba una cosa che non conoscevo e volevo imparare un po' per volta, contenendo il rischio.

Feci un patto con me stesso e mi ripromisi che se avessi perso tutti i 3 milioni che avevo dedicato alla Borsa, avrei abbandonato completamente quell'ambito di mercato.

Fortunatamente ciò non accadde, altrimenti tu adesso non staresti leggendo questo libro.

Prima di investire studiai meticolosamente per un po' di tempo i giornali finanziari. Presi anche l'abitudine di appuntarmi quotidianamente il valore di mercato di parecchi titoli.

Da autodidatta stavo cercando di capire se il mercato seguiva degli schemi ricorrenti. Era proprio così, o almeno in parte. Dopo anni scoprii che esistono delle "Mani Forti" che manipolano il mercato a loro piacimento, e che possono mandare all'aria ogni pattern statistico teorizzato. Ma di questo ne parleremo nei prossimi capitoli.

Quello che scoprii all'epoca era un semplice schema di inversione.

Notai infatti che i titoli azionari che per diversi giorni consecutivi avevano perso punti, arrivando a perdite del 20 o 30% nell'arco di un paio di settimane, quando aprivano a ridosso della chiusura del giorno precedente, e poi chiudevano con il segno positivo, nella maggior parte dei casi continuavano il trend rialzista per parecchi altri giorni.

Dopo aver verificato più volte quell'intuizione decisi di seguirla e di iniziare ad investire appoggiandomi a mio fratello Mario, che all'epoca lavorava in banca, per dar seguito alla mia strategia.

Mi concentrai su 4 o 5 titoli alla volta, selezionati come ti ho appena descritto, e diedi istruzioni a mio fratello di acquistarli se aprivano al rialzo almeno di un punto percentuale e se, dopo le prime contrattazioni di mercato, mostravano segni di stabilità.

Facevo poi posizionare lo Stop un punto percentuale al di sotto del prezzo di acquisto.

Non pensavo mai al potenziale guadagno ma ero molto attento a limitare immediatamente la potenziale perdita.

Fatto ciò, se il titolo andava nella direzione sperata cercavo di consolidare quanto prima i guadagni spostando in alto lo Stop e mettendo dei target di protezione.

Le prime operazioni furono un successo e iniziai a prendere sicurezza e guadagnare discretamente.

Le cose andarono avanti allo stesso modo per diversi anni. Io lavoravo sempre nell'azienda di mia madre mentre nel tempo libero studiavo i mercati e piazzavo qualche operazione, sempre tramite mio fratello.

Questo fino al 1999, anno in cui aprii un conto presso la banca Bipop di Padova perché era una delle primissime banche a dare la possibilità di operare online.

Siamo agli albori di Internet. La tecnologia ADSL sarebbe arrivata solo l'anno successivo. Mi ricordo che per operare, dovevo inserire nel computer un dischetto della banca e collegarmi a Internet tramite un dispositivo che faceva un fracasso terribile nel connettersi alla rete.

Se hai più di 30 anni probabilmente ricordi i modem analogici di cui sto parlando.

Adesso sembra tutto preistoria ma all'epoca per me fu una grande rivoluzione.

Potevo operare sui mercati comodamente da casa mia, senza essere costretto ad andare in banca o chiedere l'aiuto di mio fratello.

Fu grazie a questa innovazione che maturai la decisione di far diventare il trading la mia professione.

In quel periodo la mia operatività mutò sostanzialmente.

Passai dall'essere un trader multi day all'aprire e chiudere le operazioni in giornata, a volte anche nell'arco di pochi minuti.

Non era insolito per me acquistare dei titoli, mettiamo alle 10 di mattina e alle 10:15 averli già venduti.

Il mio ragionamento era dettato sempre dalla mia bassa propensione al rischio. Ero convinto che meno tempo i miei ordini rimanevano a mercato e meno rischi avrei corso.

Infatti pensavo che chiudendo la maggior parte delle operazioni in giornata, avrei evitato di incorrere in brutti scherzi del mercato nel caso fossero uscite delle notizie prima dell'apertura del giorno successivo.

Tuttavia questo cambio di operatività non fu indolore. Anche se i ragionamenti fatti erano corretti, e la logica di fondo con cui operavo sempre la stessa, c'erano dei nuovi fattori che dovevo imparare a gestire.

Alcuni di questi erano puramente tecnici e ne venni a capo grazie all'attenta osservazione dei mercati.

Altri invece erano di carattere emotivo...

Inutile girarci intorno. **All'inizio avevo paura.**

Quando mi trovavo da solo davanti al computer e stavo per eseguire delle operazioni, in me affioravano dei sentimenti contrastanti con la logica.

La maggior parte delle volte, senza che me ne rendessi conto, erano le emozioni a vincere e non la razionalità. La cosa peggiore è che me ne accorgevo sempre dopo, quando analizzavo le mie operazioni a mente fredda.

Negli anni ho scoperto che è una cosa comune alla maggior parte dei trader novelli. Nei miei corsi di formazione "obbligo" i miei allievi a operare in demo per un certo periodo di tempo, e solo quando hanno dimostrato di saper lavorare sui mercati li faccio passare in reale.

Tuttavia insegno loro a essere molto prudenti nel passaggio da demo a reale. Sono frequenti infatti gli allievi che in demo fanno numeri pazzeschi, guadagnando anche mille o duemila euro al giorno, e dopo il passaggio in reale arrivano con difficoltà a non perdere.

È fisiologico all'inizio farsi prendere un po' dalle emozioni, per questo uno dei princìpi cardine del mio metodo consiste nello stabilire immediatamente la perdita massima per ogni singola operazione.

In questo modo riesci a preservare il tuo capitale e concederti il giusto tempo per imparare, sia a lavorare, che a gestire le tue emozioni mentre sei a mercato.

Tornando al 1999...
Non ti nascondo che i primi sei mesi furono un vero disastro. La mia tenacia fu messa a dura prova perché persi circa il 40% del capitale che avevo dedicato al trading.

A peggiorare la situazione c'era il fatto che quell'anno fu particolarmente profittevole per tutti i trader con cui ebbi modo di parlare. Tutti tranne me.

Tuttavia, fu grazie agli errori che commisi in quel periodo che imparai veramente a fare trading. Capii come tenere sotto controllo la mia emotività quando lavoravo e, partendo dall'analisi delle operazioni andate male, riuscii ad affinare sempre di più la tecnica e diventare profittevole.

Quello fu il primo e ultimo anno che chiusi in perdita.

1.3 – La vita del trader professionista

Un'altra svolta decisiva nella mia vita da trader, fu quando a Gennaio del 2000 la piattaforma su cui operavo mi mise a disposizione il book a 5 livelli.

Se non sai cos'è per ora ti basta sapere che il book (o libro degli ordini) raccoglie le proposte di acquisto e di vendita relative a un determinato strumento.

Il pratica il book identifica esattamente gli scambi che avvengono nel mercato, cioè i responsabili delle variazioni di prezzo di un titolo che poi si replicano sul grafico.

Prima dell'avvento del book pensavo che il mercato si muovesse in modo quasi casuale perché condizionato da milioni di piccoli attori in competizione tra di loro. In parte era vero ma con l'avvento del book iniziai a notare qualcosa che i grafici non mostravano.

Notai infatti che sul book si posizionavano degli ordini decisamente più grossi rispetto alla media.

A esempio, se su un titolo per ogni livello di prezzo erano scambiati 1000-2000 pezzi, notai che c'erano dei livelli in cui ne erano scambiati 50-100.000 pezzi.

Questo mi ha fatto capire che sul mercato c'erano delle entità veramente grosse capaci, grazie alla loro potenza economica, di difendere determinati livelli oppure di piazzare repentinamente delle quantità ingenti di ordini per far accelerare il mercato.

Fu la prima volta che notai l'operato delle Mani Forti e fu anche il mio primissimo approccio al trading basato sui volumi.

Dopo 20 anni di esperienza sono sempre più consapevole di quanto sia fondamentale imparare a operare in Borsa guardando il book.

Avevo già iniziato a essere profittevole ma l'introduzione di questo strumento mi permise di esserlo tutti i giorni.

Guadagnavo qualcosa ogni singolo giorno e, giorno dopo giorno prendevo sempre più confidenza, facevo più operazioni e a mano a mano i profitti aumentarono.

A Marzo del 2000 capii che avrei sempre guadagnato, anche con le condizioni di mercato più avverse.

All'epoca infatti non era possibile andare short.

Cioè non era possibile vendere un titolo (senza averlo fisicamente in portafoglio) puntando sulla convinzione che questo sarebbe sceso, e che comprandolo in seguito si sarebbe generato un guadagno.

Quello che si poteva fare era solo comprare un titolo e sperare che aumentasse di valore, per poi venderlo e trarne profitto.

Quindi, si poteva guadagnare solo sul rialzo dei titoli...

Ma in quel periodo scoppiò la bolla di Internet e il mercato crollò.

Nonostante ciò, io riuscivo a guadagnare tutti i giorni dal mercato.

Vuoi sapere come facevo?

Se hai visto almeno un grafico di Borsa in vita tua, sai che il prezzo non sale e non scende mai su una linea retta. Ci sono sempre dei rimbalzi fisiologici.

Io avevo imparato a guadagnare sfruttando quei rimbalzi.

In uno degli anni peggiori per il mercato azionario investii più o meno il costo di una piccola utilitaria (per l'esattezza 15.000 €) e a fine anno avrei potuto permettermi di comprare una villa con piscina (realizzai un capitale di 405.000 €), quindi con un guadagno complessivo del 2700%.

Non te lo sto dicendo per vantarmi e nemmeno per illuderti che sia facile ottenere questi risultati.

Grazie al trading puoi guadagnare bene in qualsiasi momento, non importa se il mercato sale, scende o va laterale. Ci sono sempre delle opportunità di guadagno e, se lo desideri, puoi fare del trading la tua professione.

Fai attenzione però. Il trading non è un gioco.
L'espressione "giocare in Borsa" è quanto di più fuorviante ci

possa essere, e molto probabilmente è la causa della rovina di molte persone.

Il trading è una professione e come tale è necessario studiare e applicarsi per impararla.

Se sei disposto a farlo, anche se dal 2000 a oggi è diventato più difficile guadagnare in Borsa, e anche se servono maggiori competenze per essere dei trader profittevoli, potrai toglierti parecchie soddisfazioni economiche e personali. Esattamente come ho fatto io.

Ma torniamo alla storia...

Il 2000 fu il primo anno che mi definii un Trader Professionista.

Come termine vuol dire tutto e niente pertanto ti spiego cosa intendo.

Per me la definizione di trader professionista passa inevitabilmente dai guadagni che è in grado di generare. A mio avviso non ci si può definire trader professionisti se non si è in grado di guadagnare tutti i mesi almeno l'equivalente di un buono stipendio.

Fatta questa premessa, nel 2000 potevo dirmi già abbondantemente un trader professionista anche se ero ancora a mezzo servizio.

Infatti mia madre era andata in pensione e aveva lasciato a me la gestione dell'azienda di famiglia.

Se all'inizio quel lavoro mi piaceva, adesso iniziava ad andarmi stretto.

Tuttavia, per ragioni prevalentemente sentimentali, ci vollero ancora tre anni prima di sistemare quello che stava diventando un ostacolo per la mia vita da trader.

Sempre nel 2000, però, visti i miei guadagni costantemente in crescita, decisi di togliermi qualche sfizio.

Per prima cosa mi comprai un appartamento a Cavarzere che usavo come base d'appoggio per la mia attività.

Subito dopo acquistai l'automobile che sognavo da anni: una Porsche 911 Carrera 4S nera come il carbone.

Nuovamente, non te lo sto raccontando per vantarmi ma per farti capire che se vuoi, e sei disposto a impegnarti, anche tu puoi fare del trading una professione remunerativa.

E per farlo non serve nemmeno che ti licenzi dal tuo lavoro attuale e ti lanci ciecamente in quest'avventura.
Puoi andare per gradi esattamente come ho fatto io.

Certo, è impegnativo perché dopo il lavoro devi trovare il tempo di studiare. È il classico prezzo da pagare.

Ma la ricompensa è veramente ghiotta.

Pensa solo alla serenità che proverai sapendo di poter guadagnare sempre dal mercato, a prescindere dalle crisi mondiali, a prescindere da dove deciderai di lavorare e soprattutto senza dover dipendere da nessuno se non dalle tue capacità.

Come ripeto spesso ai miei allievi, il trading è un lavoro difficile ma è anche il più bello e sicuro del mondo.

Nessun lavoro al mondo ti dà la sicurezza che ti può dare il trading.

Nel preciso momento in cui sto scrivendo questo libro siamo in piena emergenza Corona Virus. È bastato poco più di un mese di quarantena per mettere in ginocchio parecchie aziende e in seria difficoltà migliaia di famiglie.

Sono profondamente dispiaciuto per le sorti di queste aziende e famiglie e non posso fare a meno di chiedermi cosa accadrebbe se i mesi diventassero tre... o quattro... o sei...

Mi ricordo perfettamente del periodo in cui sono stato per 7 mesi sulla sedia a rotelle.

Per fortuna che non avevo più l'azienda di mia madre, altrimenti non so proprio come avrei fatto.

Fammi fare un rapido salto in avanti nel tempo prima di continuare la storia perché voglio raccontarti un aneddoto accaduto esattamente il 6 luglio 2003...

Da quando ho abbinato l'attività di formatore a quella di trader ho aperto una sala trading che uso sia per fare i corsi, che come sala personale in cui opero quotidianamente.

Ai miei corsisti concedo volentieri la possibilità di frequentarla gratuitamente per dei ripassi, per fare pratica, e per vedere come io opero sui mercati.

Ti lascio immaginare...

La sala brulica sempre di aspiranti trader, tanto che nel tempo ho dovuto organizzare un sistema di prenotazione.

Avevo instaurato un buon rapporto con tutti i ragazzi che all'epoca frequentavano la sala. A me piace ridere e scherzare, e mi fa piacere circondarmi di giovani volenterosi.

So che loro mi vedono come un mentore e, nonostante le differenze di età, con molti di questi ragazzi siamo entrati in confidenza e qualcuno è diventato mio amico.

Uno di questi ragazzi, chiamiamolo Marco per comodità, in modo del tutto scherzoso, mi aveva affibbiato il soprannome "Magneto", perché secondo lui sono in grado di attirare i soldi.

È un soprannome che mi ha accompagnato per parecchio tempo.

Una sera, ridendo e scherzando proprio a proposito di questo soprannome, Marco mi disse: *"Paolo, non preoccuparti che se cadi per terra cadi su un portafogli pieno di soldi"*...

Io non credo nella fortuna. Le cose che ho ottenuto nella vita le ho ottenute perché ho fatto tutto quello che potevo per raggiungere un determinato risultato.

In teoria non credo nemmeno nella sfortuna ma in quell'occasione Marco è stato proprio un uccello del malaugurio.

Nemmeno un'ora dopo avermi detto quella frase, inciampai sul marciapiede fuori dalla sala e feci un capitombolo.

Non ero più un ragazzino e il risultato di quel ruzzolone fu la frattura della testa e del collo del femore e la necessità di un urgente intervento chirurgico...

E ovviamente di mesi di convalescenza.

Per l'esattezza sono stato sette mesi sulla carrozzina e altri due mesi mi sono stati necessari per la riabilitazione.

Non so proprio come avrei fatto se avessi continuato a lavorare in azienda o avessi fatto qualsiasi altro lavoro.

Invece con il trading mi sono fermato giusto i giorni di convalescenza in ospedale, e poi ho ripreso a operare sui mercati come niente fosse.

Quale altro lavoro ti dà questa libertà?

Io non credo proprio che esista.

Per me fare trading è il lavoro più difficile ma anche il lavoro più bello e più sicuro al mondo.

Non esiste nessun altro lavoro in grado di darti lo stesso tipo di libertà.

Chiudiamo questa parentesi sulla rottura del femore e riprendiamo da dove avevamo interrotto.

Eravamo all'anno 2000 e allo scoppio della bolla di Internet (spesso chiamata anche bolla delle Dot-com).

L'anno successivo completai la mia operatività nell'esatto momento in cui il mio intermediario mi diede la possibilità di operare short sulle azioni.

Questa funzione ha ampliato il mio mondo, permettendomi di attuare il mio metodo a 360°, riuscendo quindi a guadagnare sulle inversioni di trend sia positive che negative.

Fatalità vuole che attivai la modalità short il 10 Settembre 2001, proprio il giorno prima dell'attentato alle Torri Gemelle di New York.

In quei giorni tutti vendevano.

Non solo i piccoli trader impauriti vendevano sull'onda dell'emotività. Vendevano anche i Big Players, o come li chiamo io gli Istituzionali o le "Mani Forti"...

Insomma quegli operatori di mercato che possiedono enormi capitali e che, come ti ho già accennato, sono in grado con la loro operatività di decidere il prezzo di un titolo.

Visto che anche questi grossi operatori continuavano a vendere, non c'era rimbalzo sufficientemente ampio da permettere un'operatività normale.

L'unico modo per operare era andare short, funzionalità che avevo attivato proprio il giorno prima.

A differenza della diffusa convinzione popolare, quei giorni furono veramente profittevoli per molti trader professionisti.

Mia madre quando sentiva le notizie economiche al telegiornale si preoccupava per i miei affari. Mi diceva cose tipo *"al telegiornale hanno detto che la Borsa ha bruciato tot. Miliardi... chissà quanti soldi hai perso oggi..."*

Ogni giorno avevo il mio bel da fare a tranquillizzarla sul fatto che i miei affari andavano a gonfie vele.

Ma non era solo mia madre che non aveva capito come opera un trader.

Nel 2001 Cavarzere era poco più di un paese di provincia. Le persone mi conoscevano per l'attività di famiglia, e ormai sapevano della mia seconda e più redditizia attività.

Non voglio essere maligno ma credo che qualcuno avesse un pizzico di invidia nei miei confronti visto che in un anno mi ero comprato appartamento e macchina nuova.

Un giorno esco dall'ufficio e andando verso l'automobile, incontro quattro ragazzi del paese che conoscevo solamente di vista.

Loro erano convinti che in quei giorni avessi perso parecchio denaro e alludendo alla Porsche parcheggiata mi dissero: *"Ti toc-*

cherà vendere l'auto... Questo mese con la storia delle torri gemelle è crollato il mercato e avrai perso un sacco di soldi".

Poi ho scoperto che indirettamente stavano cercando un conforto, della serie mal comune mezzo gaudio. Come tanti altri piccoli investitori erano convinti che il mercato sarebbe sempre salito, ma in quel periodo subirono il crollo vedendo i propri risparmi dimezzati in brevissimo tempo.

Per mia fortuna invece avevo già compreso come muovermi in ogni situazione di mercato e, nel mese in cui ci fu l'attentato delle torri gemelle, guadagnai più che nel resto dell'intero anno.

Facciamo un salto di due anni e arriviamo al 2003, anno in cui accaddero diversi episodi che vale la pena di raccontare.

Come prima cosa fu l'anno in cui presi finalmente la decisione di abbandonare l'azienda di famiglia – e che trovai il coraggio di comunicarlo a mia madre.

Il mio tentennamento era anche dovuto al fatto che l'azienda andava bene. In tutta Italia c'erano decine di scuole di taglio e cucito che utilizzavano i nostri materiali, ed era un peccato chiudere e basta.

Non so se mia madre me lo avrebbe perdonato.

D'altro canto per me era diventata veramente un peso. Dal punto di vista economico non ne valeva più la pena perché in un mese di trading (fatto part time) guadagnavo più che in un anno intero con l'azienda.

E in più dovevo sempre preoccuparmi di gestire i fornitori, le spedizioni, l'amministrazione... Insomma tutto quello che deve fare un imprenditore per mandare avanti un'azienda.

Senza parlare poi del rischio di controlli fiscali, dell'ASL, dell'INPS etc.

Con il conseguente e quanto probabile rischio di multe.

Non fraintendermi. Facevamo tutto in regola e a norma di legge. Ma il problema è proprio quello.

Se non hai mai avuto un'azienda forse non mi puoi capire, ma il fatto è che la normativa in ambito fiscale e di sicurezza sul lavoro continuava a variare. Era un attimo commettere qualche errore.

Se poi l'errore l'aveva commesso il tuo consulente non importava. Eri comunque chiamato a gestire le rogne degli accertamenti fiscali.

Oggigiorno le cose non sono cambiate. Anzi, per quanto possa essere difficile da credere sono pure peggiorate.

Il trader professionista non corre questi rischi.

Se opti per il regime amministrato, non ti serve nemmeno il commercialista perché la banca trattiene direttamente la percentuale destinata alle tasse e tu come trader non devi pensare a nulla se non a essere profittevole tutti i giorni.

Ecco perché volevo sbarazzarmi dell'attività.

Quell'anno si presentò l'occasione adatta. Dopo qualche mese di trattativa riuscii a siglare un accordo con una delle scuole nostre clienti.

Siccome non avevano i capitali necessari per rilevare in toto l'attività, optammo per un acconto e un'uscita graduale.

Fornii loro tutto il materiale, la licenza di utilizzo di un nostro brevetto e tutto il supporto iniziale necessario. In cambio ottenni delle percentuali sul fatturato che sarebbero scese anno dopo anno fino ad azzerarsi.

E come avrai capito, per me la cosa migliore di questo accordo fu che da quel momento potei dedicarmi a pieno alla mia attività di trader.

Ma non solo...

1.4 – Non sono un formatore, sono un trader

Hai notato il titolo di questo paragrafo?

"Non sono un formatore, sono un trader".

Probabilmente te lo ripeterò ancora un paio di volte prima della fine di questo capitolo.

Tuttavia sai benissimo che faccio dei corsi di formazione quindi c'è una domanda legittima che, se ancora non te la sei posta, è doveroso che tu ti faccia.

Suona più o meno così:

"Ma Paolo, se veramente guadagni ogni giorno facendo trading, perché ti sei messo a fare anche corsi di formazione?

E perché hai scritto questo libro?"

Belle domande, grazie di avermele fatte.

Per risponderti riprendo la storia esattamente da dove l'ho interrotta.

Infatti, tutto è iniziato proprio nel 2003, dopo aver ceduto l'azienda di mia madre.

Nell'ufficio che utilizzavo per lavorare avevo già allestito per uso personale una primordiale versione della sala trading che puoi vedere adesso.

Le mie giornate trascorrevano in solitudine analizzando grafici e book.

All'epoca non avevo proprio intenzione di fare corsi di formazione e insegnare a chiunque tutto quello che avevo imparato in migliaia di ore davanti ai monitor.
Tuttavia non ero un avido egoista per partito preso. Non ho mai negato il mio aiuto alle persone meritevoli che me lo hanno

chiesto.

Chiariamoci, questo non vuol dire che ho elargito denaro a destra e a manca a chiunque fosse in difficoltà. Vuol dire però che qualche ragazzo volenteroso, all'epoca senza lavoro, l'ho tenuto al mio fianco e gli ho insegnato quello che sapevo.

Non tutti questi ragazzi sono diventati dei trader professionisti. Qualcuno proprio non aveva la mentalità adatta per questo tipo di lavoro.

Alcuni, invece, sono diventati bravi e spesso capitava che venissero in ufficio da me a fare trading, ovviamente ognuno sul proprio conto.

A me faceva piacere perché, anche se l'attività di trading richiede molta concentrazione e pochissime distrazioni, a volte la solitudine autoimposta diventa veramente insostenibile.

Lavorare nella stessa stanza con altre persone invece, mi dava la possibilità di far quattro chiacchiere con qualcuno che aveva i miei stessi interessi e parlava la mia stessa lingua.

Furono questi ragazzi che quell'anno mi spinsero a iscrivermi al campionato Top Trader nella categoria Futures.

A me sinceramente non interessava. Non ero in cerca di pubblicità e non vedevo il motivo di competere con altri trader. Preferivo continuare a fare trading per i fatti miei.

Tra l'altro il profilo commissionale durante la competizione era scandalosamente alto. Ogni singola operazione costava ben 12 €, cioè almeno 10 € in più di quello che pagavo normalmente.

Non vedevo il motivo di regalare quei soldi agli intermediari che organizzavano il campionato.

I ragazzi però insistettero allo sfinimento. Sinceramente non so perché partecipai. Probabilmente perché mi feci contagiare dal loro entusiasmo e perché non volevo deluderli.

Razionalmente mi dissi che guardando i risultati degli anni precedenti mi sarebbero bastate poche operazioni per vincere. E visto che il minimo di operazioni richieste dal regolamento era solo di 10, decisi di iscrivermi.

Durante la competizione di quell'anno non si fecero grandi numeri perché in quel periodo c'era veramente poca volatilità sul mercato.

Alla fase finale accedemmo solamente in 61, contro almeno il doppio degli anni precedenti.

Come ti ho già accennato, secondo il mio metodo di fare trading devi essere paziente e aspettare che si verifichino condizioni ben precise per entrare a mercato, e una volta entrato, come prima cosa ti devi preoccupare di limitare le potenziali perdite andando a posizionare opportunamente lo stop loss.

Durante la competizione seguii esattamente questi princìpi.

Dopo la mia terza operazione ero già in vantaggio.

Sono consapevole che agli occhi di chi mi stava guardando sembrava che – per usare un termine calcistico – stessi facendo melina.

Infatti per parecchio tempo non eseguii nessuna operazione e gli avversari uscirono dalla competizione uno alla volta, mentre io me ne stavo con le mani in mano.

La realtà dei fatti è che non c'erano operazioni golose ai miei occhi. Un bravo trader deve sapere prima di tutto quando è il caso di operare e quando invece è meglio rimanere con le mani in mano.

Le ultime sette operazioni le feci solo perché erano previste dal regolamento ma non furono quelle che mi consentirono di vincere.

Negli anni successivi non ripetei l'esperienza perché la banca

Riconoscimento ricevuto nel Campionato Top Trader di Borsa con Denaro Reale del 2003.

presso la quale avevo il conto non era più tra gli organizzatori, e non aveva senso per me aprire un conto presso un'altra banca solo per partecipare a un campionato.

Tuttavia dopo quell'esperienza ricevetti una chiamata. Anzi, ben più di una...

Michele Pertile, che all'epoca era responsabile di Twice SIM (l'intermediario a cui mi appoggiavo per fare trading) mi chiese di tenere dei corsi per i loro clienti.

All'inizio non ne volevo sapere.

"Io sono un trader, non un formatore" gli ripetevo in continuazione.

È vero, avevo già insegnato a fare trading a dei ragazzi.

Ma la situazione era diversa. A loro avevo insegnato solo perché li conoscevo personalmente e solo perché erano rimasti senza lavoro.

Non mi andava di fare corsi per dei perfetti estranei. Ero geloso del mio metodo. Mi era costato migliaia di ore di studio e sacrificio, e non volevo rivelare i miei segreti a destra e a manca.

Alle prime chiamate pertanto rimasi fermo sulla mia posizione.

Ma Michele non era tipo da mollare così facilmente.

Insistette, insistette e insistette ancora.

Alla fine mi venne incontro più che potè da un punto di vista economico. Mi offrì un buon compenso per le giornate di corso e soprattutto mi abbassò parecchio le commissioni sulle mie operazioni.

Fu quella l'argomentazione che mi convinse definitivamente. Considera che all'epoca facevo più di 1500 trade al giorno. La proposta che mi fece mi consentiva di risparmiare diverse migliaia di euro all'anno, per diversi anni a venire.

Così accettai.

Il mio primo intervento fu in un convegno di trading, organizzato da Twice Sim, nella città di Treviso.

In aula c'erano 200 persone. Era la prima volta che parlavo in pubblico e dovevo farlo davanti a una platea così numerosa che mi guardava incuriosita.

Uh, che caldo...

Ero emozionato come uno scolaretto al primo giorno di scuola. Il cuore batteva all'impazzata, le gambe mi tremavano e avvertivo tutti gli sguardi puntati su di me.

Per fortuna dopo i primi istanti di esitazione mi sbloccai, e diventai più sicuro via via che entravo nella mia area di competenza.

Alla fine del mio intervento però avevo la camicia inzuppata di sudore.

Si vedeva che non ero un animale da palcoscenico. E a dire il vero non lo sono nemmeno adesso a distanza di anni.

Nonostante ciò, Michele ricevette tutti feedback positivi tanto da organizzare nuovi corsi, più approfonditi.

Da allora ho tenuto parecchie giornate di formazione organizzate da Michele, molte delle quali a Cavarzere, la mia città natale.

Infatti, Twice Sim, sull'onda dell'entusiasmo dei partecipanti (tutti loro clienti), decise di finanziare l'ampliamento della mia sala trading in modo da poter ospitare almeno una dozzina di persone contemporaneamente per i corsi più avanzati.

IL GAZZETTINO

il quotidiano del NordEst

Sabato 26 Luglio 2003

Il centro consente di operare il "trading on line" come nella sala di un broker londinese

A Cavarzere l'Investment Club

Cavarzere

Nasce a Cavarzere l'Investment Club di T2T. Si tratta del primo centro di investimento su strumenti finanziari dove è possibile praticare l'attività di trading on line come se si fosse nella sala operativa di un broker londinese. L'idea è di Paolo Serafini, campione italiano uscente di trading-on-line, che riporta così il paese di Cavarzere alla ribalta del mondo finanziario dopo l'esperienza degli anni settanta dello Zuccherificio Cavarzere, quotato alla Borsa di Venezia.

"Non occorrono requisiti speciali - spiega Serafini - e nemmeno alcun costo per il collegamento ad Internet o per l'uso della postazione ma solamente buona volontà, desiderio di imparare e tanta disciplina. Per il trading-on-line verrà utilizzata la piattaforma di Twice Sim, intermediario milanese che sponsorizza l'iniziativa. Questo consentirà di disporre di un servizio di Tol (trading-on-line) assolutamente tra i più performanti ed affidabili. L'Investment Club metterà a disposizione dei frequentatori non solo una sala trading ma anche un luogo dove si parlerà di borsa, di scelte di investimento e di strumenti finanziari, quasi fosse il vecchio borsino rivisitato in chiave moderna e con molti più strumenti diponibili".

"Ci sarà la possibilità infine - conclude Serafini - di partecipare ai corsi di formazione promossi da T2T Investment Club, società che eroga questi servizi sin dal febbraio 2000, per entrare in maniera più qualificata nel mondo del trading-on-line. La formazione costante infatti costituisca l'elemento di maggior valore aggiunto dell'Investment Club: io stesso sarò docente per quanto riguarda le attività di 'scalping' di borsa sia a Cavarzere che nella sede di Treviso".

L.C.

Col senno di poi sono felice di aver accettato la proposta di Michele.

Come ti ho già spiegato, quello del trader è un lavoro solitario, ma a me piace anche stare a contatto con le persone, ridere e scherzare.

Grazie ai corsi mi sentivo più completo come persona, più felice e più appagato.

Quello che non mi aspettavo però è che ne avrebbe tratto grossi benefici anche il mio modo di fare trading.

Per quanto fossi già preciso e metodico nel mio lavoro, il fatto di dover insegnare agli altri il mio metodo, mi ha costretto a esserlo ancora di più.

Era una questione di coerenza. Prima di insegnare a volte mi prendevo delle licenze che non potevo più permettermi, altrimenti avrei dato il cattivo esempio.

Come ormai avrai capito io non sono un formatore, sono un trader. Va da sé che a volte non sono cristallino con le mie spiegazioni.

A questo mio difetto però sopperisco con l'esempio. Quando sono in sala trading con i miei allievi io opero dal vivo sul mercato reale, usando soldi reali – i miei.

Parecchi miei allievi hanno frequentato altri formatori prima di me e a detta loro sono l'unico che agisce in questo modo.

Insegnare dando l'esempio credo che sia il mio punto di forza e credo che faccia tutta la differenza del mondo. Faccio lo stesso anche durante le fiere di settore. Mentre gli altri si riempiono la bocca di paroloni io mostro le mie tecniche sul mio conto reale.

Sapere che grazie al mio esempio, ho la possibilità di cambiare in meglio la vita delle persone, mi riempie di immensa gioia. Sono proprio orgoglioso dei risultati che molti miei allievi ottengono.

Sia chiaro, il grosso del merito va a loro perché solo chi è caparbio, determinato e non si arrende alle prime difficoltà, può imparare questo mestiere.

Dal 2003 in poi le cose vanno avanti allo stesso modo per circa dieci anni. Faccio trading tutti i giorni, tengo un paio di corsi all'anno e saltuariamente partecipo a convegni di trading e a trasmissioni di finanza.

I due corsi all'anno che tengo si popolano in parte grazie a Michele Pertile che mi manda i suoi clienti, e in parte grazie al passaparola spontaneo dei miei allievi.

Per me va bene così. Non mi interessa ampliare l'attività di formazione perché per farlo dovrei iniziare a pubblicizzarmi in qualche modo, attività che proprio non è nelle mie corde.

Nel 2013 conosco Amos, un corsista quasi coetaneo con cui stringo amicizia.

All'epoca Amos vive in Inghilterra, saltuariamente ci sentiamo ma non abbiamo molte occasioni di frequentarci. Amos mi fa più volte i complimenti per il corso e mi sprona a pubblicizzarlo per raggiungere più persone possibile.

Cosa vuoi che ti dica...

Io sono un trader... Già il fatto di mettermi a fare corsi è stato un bel salto al di fuori della mia zona di comfort. Sono contento di averlo fatto ma non voglio spingermi oltre.

Pertanto nonostante gli incoraggiamenti di Amos continuo per la mia strada.

Almeno fino al 2016...

Quell'anno Amos si trasferisce nuovamente in Italia e torna all'attacco.

– *Dai Paolo, sei bravo, è un peccato non aver più gente ai tuoi corsi. Fai un po' di marketing per spingerli...*

– *Senti Amos, cosa vuoi che ti dica. Hai anche ragione ma non so da che parte cominciare a fare marketing. Il mio lavoro è quello del trader e i corsi che faccio mi portano via già abbastanza tempo.*

– *E se non ti dovessi occupare di nulla?*

– *Cosa vuoi dire?*

– *Se mi occupo io del marketing e tu mi paghi solo a risultato?*

– *Cosa vuoi che ti risponda Amos, se io non devo fare niente possiamo anche fare una prova.*

Non sarà precisa alla lettera ma questa fu più o meno la conversazione con cui Amos mi incastrò.

Da quel momento in poi fu un'escalation di operazioni di marketing messe in pista da Amos in totale autonomia.

A Giugno dello stesso anno mi fece acquistare il dominio topborsa.com e in quattro e quattr'otto Amos mise in piedi la versione primordiale del sito che vedi ora.

Ad Agosto aprì la pagina Facebook "Top Borsa di Paolo Serafini" e mi convinse a fare almeno una diretta la settimana.

Visto i riscontri positivi a Febbraio dell'anno seguente mi fece aprire anche il canale YouTube dove ripubblicare le dirette Facebook insieme a qualche altro contenuto creato appositamente.

Che ti devo dire. Nel giro di pochi mesi tutte le operazioni di marketing che Amos aveva messo in pista stavano iniziando a portare dei risultati concreti.

Ai corsi iniziavano ad arrivare persone provenienti da tutta Italia che non erano nel giro di Michele Pertile, e non provenivano nemmeno dal passaparola spontaneo.

Amos stava facendo veramente un ottimo lavoro tanto che decidemmo di consolidare il rapporto.

Tuttavia io non volevo aumentare troppo il tempo trascorso in aula perché, per quanto mi piacesse, era impegnativo e mi distoglieva dalla mia operatività quotidiana.

Nel 2018, rendendosi conto di questo dato di fatto, Amos mi convinse a registrare il mio primo video corso. Fu così così che nacque il video corso sulla Marsigliese, una serie di pattern grafici da me teorizzati.

A quel corso seguirono il "Volume Profile" e il corso sul Mindset.

E finalmente arriviamo ai giorni nostri e al momento in cui sto scrivendo questo libro.

Amos ce l'ha fatta nuovamente a convincermi.

Senza di lui molto probabilmente sarei ancora un trader solitario che tiene un paio di corsi all'anno nella sua sala di Cavarzere. Molto probabilmente tu non mi conosceresti e adesso non staresti leggendo questo libro.

Pertanto ringrazia Amos se nei prossimi capitoli scoprirai:

- Le tre cause che fanno muovere qualsiasi strumento finanziario (la terza delle quali è responsabile della bancarotta di schiere di piccoli trader. Conoscerla non solo ti eviterà di bruciare il conto ma ti indicherà la strada per imparare a sfruttarla a tuo vantaggio).

- Il vero motivo per cui rischi di perdere tutti i tuoi soldi se basi il tuo trading solo sull'analisi tecnica e come evitare che ciò accada.

- Le sette caratteristiche – non innate – comuni a tutti i trader di successo che anche tu devi allenare se vuoi diventare un trader professionista.

- Cosa fare quando davanti a un trade che vuoi eseguire inizia a batterti forte il cuore e ti manca il respiro.

- Le sette regole fondamentali per gestire serenamente la tua operatività quotidiana (rispettale e farai sonni beati come quelli di un bambino nella sua culla sapendo che il tuo capitale è sempre al sicuro. Infrangile e ti sveglierai ogni notte madido di sudore dopo aver sognato di dover confessare alla tua compagna di aver perso tutti i vostri risparmi)

- La storia – fortunatamente a lieto fine – di un trader poco disciplinato e della decisione che l'ha definitivamente salvato da un futuro infelice.

- Il pattern "Thunder Bar" e come io lo utilizzo quotidianamente per trarre profitto dai magheggi delle Mani Forti

- L'esatto percorso che i trader con la testa sulle spalle seguono per scalare i propri guadagni senza rischiare di rimpolpare i conti delle Mani Forti a discapito del proprio.

- Perché devi dotarti di un sistema composto da regole ferree se vuoi diventare un trader professionista

- La libertà temporale e finanziaria... e il metodo più veloce per raggiungerle entrambe (forse ti sembrerà un paradosso ma per farlo dovrai privarti volontariamente di alcune libertà)

- Il Sistema Serafini in operativo – cioè, il sistema che mi consente di guadagnare dai mercati finanziari tutti i giorni da oltre 20 anni.

- La Marsigliese e il Volume Profile: i due sistemi che i miei studenti hanno definito "Il Sacro Graal del Trading".

- E molto altro...

Capitolo 2

COME SI MUOVONO I MERCATI FINANZIARI

"I guerrieri vittoriosi prima vincono e poi vanno in guerra, mentre i guerrieri sconfitti prima vanno in guerra e poi cercano di vincere. Se conosci il nemico e te stesso, la tua vittoria è sicura. Se conosci te stesso ma non il nemico, le tue probabilità di vincere e perdere sono uguali"

Sun Tzu

I grandi condottieri del passato come Alessandro Magno, Annibale, Cesare, Gustavo Adolfo, Federico il Grande, Napoleone, Rommel, furono tutti in grado di gestire in maniera perfetta i punti di forza e i punti deboli degli strumenti militari a loro disposizione, ma non solo...

Consideravano il campo di gioco, studiavano l'avversario e solo allora elaboravano strategie attuate per sfruttare i punti deboli del nemico.

Allo stesso modo, i trader che ogni giorno scendono in campo, devono conoscere il mercato, capirne i movimenti e individuare le sue debolezze.

Solo allora è possibile elaborare strategie che permettono al trader di fare in modo che il mercato faccia da bancomat dal quale ritirare denaro quotidianamente.

Se sei un maestro dell'autodisciplina, se sai oltre 500 tecniche, se sei l'enciclopedia del trading, ma non hai compreso come si muove realmente il mercato, il fallimento è assicurato.

Per quanto mi riguarda, prima della psicologia e della singola tecnica, dovrai essere in grado di comprendere come si sta comportando il mercato, dove vuole andare e perché.

Devi quindi comprendere a cosa prestare realmente attenzione e cosa invece ignorare, per evitare tranelli che ti porteranno a elaborare operazioni perdenti in partenza.

Devi capire quando i traders retail (quindi noi piccoli trader) vanno nel panico e come i pesci grossi del mercato sfruttano a loro vantaggio questo momento.

Ho scritto questo capitolo per mostrarti esattamente come, secondo il mio punto di vista, si muovono i mercati.

L'obiettivo delle prossime pagine è quindi quello di plasmare il tuo approccio ai mercati finanziari prendendo in considerazione solamente le evidenze che essi forniscono.

Alcune logiche di primo impatto ti sembreranno banali, ma ti chiedo di prenderle comunque in considerazione.

Se mi seguirai fino alla fine, vedrai che ogni pezzo del puzzle è importante, perché fornisce indizi essenziali che, se uniti, ti daranno modo di destreggiarti tra gli swing quotidiani e trarre profitti in ogni singola sessione.

Non ho la supponenza di dirti che i mercati si muovono esattamente in questo modo e che oltre alle mie non esistano altre teorie valide.

Anzi, anche se sono ben nascosti, ci sono diversi traders che applicando le loro logiche di mercato sono in profitto e se a fine mese riescono a portare il pane a casa, non ho nulla da obiettare.

Tutto quello che posso fare io è *mostrarti l'idea* che mi sono fatto, osservando ogni giorno i mercati finanziari da oltre 22 anni e che mi permettono di portare a casa ogni giorno un buon compenso.

La logica di mercato è la matrice di tutto.

Se ci pensi, una tecnica, per quanto elaborata e all'apparenza supportata da ottimi gain, nel lungo periodo non potrà mai essere profittevole e darti stabilmente dei profitti se non è basata sulle vere logiche di mercato.

Ma non solo...

Perché forse, più della tecnica ad affossare il conto del trader è il profilo psicologico. E se esegui operazioni senza capire il motivo per cui stai entrando a mercato, stai pur certo che il cuore batterà all'impazzata, la fronte inizierà a gocciolare e le mani a tremare.

Con tutta onestà, se non sapessi come si comporta il mercato andrei in affanno dal primo all'ultimo minuto della mia sessione. E questo tripudio di emozioni negative inevitabilmente mi porterebbero a commettere l'errore fatale, che rovina non solo la giornata, ma anche la settimana, il mese o addirittura la carriera.

Anche se avessi a disposizione le migliori tecniche.

Fare trading senza conoscere le logiche del mercato è come attraversare l'atlantico di notte senza una bussola e supporto visivo.

Indipendentemente dal fatto che la tua tecnica sia una zattera o una nave corazzata, prima o poi ti perderai e finirai per schiantarti contro un Iceberg.

É per questo motivo che nel libro ho voluto inserire in primis la mia visione su come si muovono i mercati finanziari.

Se non conosci queste logiche, è inutile che ti parli di tecniche e psicologia perché risulterà inutile e improduttivo.

Che tu ci creda o meno, anche se il mio interesse spasmodico per i mercati finanziari è iniziato quando ancora le piattaforme di trading online non esistevano, ho eseguito la mia prima operazione dopo un lungo periodo di osservazione e dopo aver individuato una logica di mercato.

Leggevo l'andamento giornaliero delle azioni tramite i prezzi che venivano pubblicati sui giornali di settore e ascoltavo tutti i giorni i commenti dei mercati finanziari di Everardo Dalla Noce.

Da queste due uniche fonti di informazione sono riuscito a individuare la prima logica di mercato che mi ha spalancato le porte verso un mondo nuovo, inesplorato e, al contrario di quello che si pensa, anche sicuro e profittevole.

Come ti ho rivelato nel capitolo precedente, all'epoca i mercati finanziari erano estremamente semplici e riuscivo a guadagnare nonostante avessi un'acerba comprensione del mercato.

Nel tempo e con la nascita di nuove tecnologie, il mercato è diventato sempre più imprevedibile e per mantenere i profitti ho dovuto trovare tutti i pezzi del puzzle e incastrarli.

In questi anni di carriera sui mercati finanziari ho capito che ogni strumento si muove per via di 3 cause:

- fisiologiche,
- matematiche,
- manipolatorie.

Come vedrai nelle prossime pagine queste logiche sono tutte collegate tra di loro.
Non si può parlare di movimenti fisiologici di mercato senza citare qualche numero e senza fare una contestualizzazione volumetrica.

Questo mix di informazioni ti permetterà di arrivare con la pura logica a conclusioni che mi hanno permesso di creare il mio personalissimo metodo di trading.

Nei capitoli successivi ti mostrerò anche una tecnica che utilizzo nella mia operatività quotidiana e che ovviamente tiene conto delle logiche di mercato.

Forse sono stato fortunato ad aver individuato fin da subito la prima logica di mercato che prendo in considerazione ancora oggi, dopo ben 22 anni di attività da trader.

Ti confesso però che preferisco pensare che l'intuizione non sia frutto di fortuna, bensì di costante, appassionato e minuzioso studio e lavoro.

Vediamo quindi il primo motivo per cui il mercato ha continue oscillazioni.

2.1 – Il movimento fisiologico

Questa sezione del capitolo potrebbe sembrarti banale e scontata perché le informazioni che ti sto per fornire sono oggettivamente sotto gli occhi di tutti.

Leggendo le prossime righe potresti pensare "grazie al piffero che si muovono così i mercati finanziari" e hai ragione.

Tutti sanno che i mercati finanziari si muovono fisiologicamente in un determinato modo. Tuttavia...

Mi accorgo molto spesso che i trader utilizzano tecniche che sono opposte ai movimenti fisiologici di mercato.

Anzi, ti dirò di più.

Negli ultimi anni il mercato della formazione sta facendo credere alle persone che eseguire operazioni che prendono in considerazione i movimenti fisiologici del mercato finanziario, sia addirittura pericoloso.

Quindi, ti accorgerai che anche le informazioni più scontate, se veritiere, nei mercati finanziari valgono oro.
Iniziamo subito.

I mercati finanziari come un elastico.

Come ti ho detto nel capitolo precedente, il mio inizio sui mercati finanziari è stato molto amatoriale, un po' perché non esistevano piattaforme di trading, un po' perché non era facile reperire informazioni.

Non ci si poteva confrontare con i trader professionisti, perché di fatto era un'attività semi sconosciuta.

Non esistevano oscillatori, indicatori e varie diavolerie a supporto.

Insomma, l'unico modo che avevo per imparare a fare trading era quello di iniziare a dialogare con il mercato e individuare i suggerimenti che mi forniva.

Così, dopo aver osservato per un po' i mercati ho individuato quello che nel tempo sarebbe diventato un pezzo del puzzle molto importante.

Avevo notato che le azioni sono bugiarde, perché nonostante nel mondo reale le aziende non accusassero alcun segno di difficoltà, nei mercati finanziari i prezzi scendevano in maniera importante da diversi giorni.

Nacque così la mia prima tecnica.

Ogni mattina, appena mi svegliavo, controllavo le quotazioni dei titoli azionari più robusti.

Se notavo che per qualche giorno una determinata azione scendeva, nonostante l'azienda in questione fosse in piena salute, compravo dopo che quella determinata azione faceva il primo giorno in positivo, dandomi quindi un segnale di ripresa.

Una volta a mercato, mi preoccupavo solo di perdere il meno possibile, e quindi vendevo se il prezzo scendeva sotto il minimo della giornata precedente.

Altrimenti chiedevo a mio fratello, che lavorava in banca, di stoppare l'operazione se per caso ritornava sul livello in cui io l'avevo aperta.

Praticamente dicevo a mio fratello di mettere lo stop in pari appena possibile.

Era una tecnica incompiuta, visto che il take profit andava molto a sensazione, tuttavia si basava sulla teoria dell'elastico. Logica che negli anni ho perfezionato grazie alla matematica.

Secondo quello che ho potuto osservare in questi anni, tutti i mercati finanziari si muovono fisiologicamente in modo elastico.

Se prendi un elastico e con due dita inizi a tirarlo verso l'esterno, l'elastico si allungherà fino a raggiungere il suo punto critico, ovvero il limite dell'elasticità.

A quel punto è necessario smettere di imprimere forza, altrimenti l'elastico si romperà.

I mercati finanziari si muovono allo stesso modo.

Ci sono periodi in cui non hanno alcuna forza e fanno piccoli movimenti ondulatori, mentre altri in cui il prezzo viene portato verso l'alto o verso il basso con movimenti rigorosi.

Raggiunto il suo punto di massima espansione, le forze cesseranno di imprimere potenza al mercato e questo andrà in ritirata verso la sua media.

Lo stesso discorso è valido per le brusche discese.

Se sei un trader navigato, è molto probabile che anche tu abbia notato questo movimento naturale del mercato in qualunque timeframe e su qualunque strumento finanziario.

Se invece non hai mai osservato uno strumento finanziario, puoi controllare tu stesso con il grafico che vedi qui sotto oppure su qualunque piattaforma di investimenti. Basta anche il sito it.investing.com nella sezione grafici.

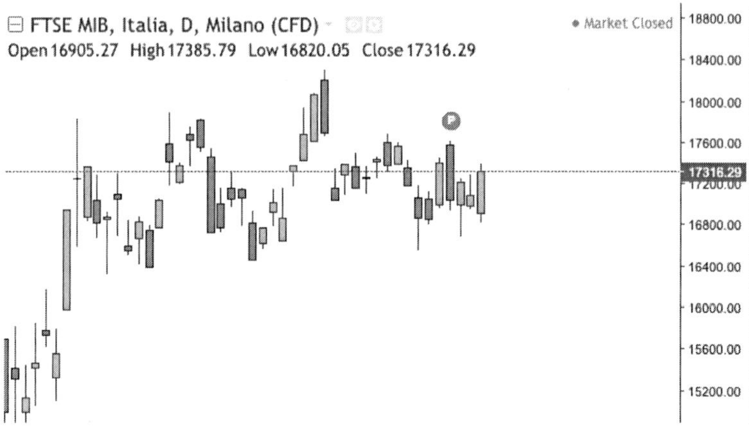

Grafico giornaliero dell'indice italiano.

Questo discorso non è, per ovvie ragioni, valido nel momento in cui il mercato si muove a seconda di una notizia impattante appena uscita.

In questo caso il mercato può subire flessioni molto importanti, senza indietreggiare per lunghi periodi.

Nel mio metodo di trading infatti, non si entra mai a mercato nelle vicinanze delle notizie economiche più importanti, in quanto questo è completamente imprevedibile.

O meglio... Nonostante abbia osservato a lungo tutti gli strumenti finanziari durante le notizie economiche, non sono mai riuscito a individuare la sua logica e di conseguenza, neanche a elaborare strategie statisticamente valide.

Questa logica di mercato, decisamente acerba e per il momento ancora troppo spoglia per poter fornire una vera tecnica di trading, permette comunque di fare un ragionamento.

Dopo ogni movimento fortemente direzionale, ci sono molte più possibilità che il mercato torni indietro con un piccolo ritracciamento o addirittura un'inversione di trend.

Ora passiamo a una seconda osservazione.

I mercati sono perennemente congestionati.

"Il mercato è schizzato alle stelle e ha preso la tangente. Probabilmente non lo rivedremo più ai livelli attuali".

"Oggi il Dax ha fatto un tonfo incredibile. I conti di parecchi traders che erano posizionati long, probabilmente sono saltati in aria".

É il pensiero comune che i mercati finanziari siano delle continue montagne russe che salgono e scendono talmente tanto nervosamente che fanno presupporre che il mercato da un momento all'altro debba partire per la tangente senza mai più ritracciare almeno parte del movimento.

Sono parzialmente d'accordo con questo concetto.

Se guardiamo i mercati a piccoli timeframe (dai 30 minuti in giù) è assolutamente corretto affermare che alcuni strumenti finanziari appaiono nervosi e continuamente movimentati.

Tuttavia è altrettanto vero che i movimenti vigorosi, spesso e volentieri vengono riassorbiti nel periodo successivo.

Se quindi osserviamo i movimenti delle 24 ore di uno strumento finanziario, ci accorgeremo che le ripide e ininterrotte salite, in realtà durano molto poco.

Inoltre, se guardiamo la settimana di quello strumento finanziario, ci accorgeremo che quel movimento è quasi sempre all'interno di una perenne congestione.

A supporto di questa osservazione, approfondirò l'argomento con i numeri nel prossimo paragrafo.

I movimenti fisiologici si incastrano con quelli matematici, ma anche con quelli manipolatori, nonostante possa sembrare un ossimoro.

Nella realtà dei fatti, con praticamente tutti gli strumenti finanziari, sulle 22 sessioni mensili, il mercato apparirà fortemente direzionale solo in 5 o 6 sessioni.

Questa evidenza del mercato mi ha permesso di capire due cose.

1. **I veri profitti il mercato li concede ai trader che eseguono operazioni di breve durata.**

Se su 22 sessioni, il mercato è direzionale solamente in 5, mentre nelle restanti 17 lo strumento finanziario passa il suo tempo a fare continue salite e discese che nel breve periodo vengono riassorbite, forse è intelligente pensare di concentrarsi su operatività che permettono di fare operazioni intraday.

Prendiamo in considerazione il re dei mercati.

L'S&P 500.

Questo strumento finanziario, composto dalle 500 migliori aziende americane quotate in Borsa, ha mostrato di aver ottenuto negli ultimi 10 anni circa l'8% annuo, se tralasciamo il fatto che a causa del Coronavirus, il mercato ha eroso agli investitori tutti i profitti che avevano ottenuto negli ultimi 4 anni.

Ipotizziamo comunque che nel 2020 l'indice segnerà un incremento annuo dell'8%.

Significa che dal valore di 3250 di inizio anno, il mercato dovrebbe salire fino a 3510.

Un risparmiatore che investe nel S&P500 si porterebbe a casa 260 punti.
Un ottimo risultato che nessuno mette in dubbio.

Tuttavia, proviamo a osservare i movimenti che sono stati fatti in una settimana casuale.

Considerando i soli due trend giornalieri, lo stesso indice, nella settimana tra il 20/04/2020 ed il 24/04/2020 ha fatto:

20/04: 35 punti di rialzo e 45 punti di ribasso,
21/04: 56 punti di ribasso e 32 punti di rialzo,
22/04: 17 punti di ribasso e 38 punti di rialzo,

23/04: 35 punti di rialzo e 47 punti di ribasso,
24/04: 20 punti di ribasso e 50 punti di rialzo,

Solamente considerando i 2 trend giornalieri, in una sola settimana il mercato ha totalizzato la bellezza di 375 punti.

E ho analizzato una settimana a caso. Infatti, se prendi il rialzo e il ribasso giornaliero dei 5 giorni di qualunque settimana operativa, ti accorgerai che in media l'S&P fa circa 300-400 punti.

Sono ovviamente d'accordo che non tutti i trader sono in grado di guadagnare 300-400 punti di S&P a settimana.

E sono anche d'accordo che un trader passerà molto più tempo davanti ai grafici rispetto a un investitore.

Bisogna anche però considerare che un investitore di lungo periodo subisce sempre i periodi di crisi economica, rischiando ogni volta di mettere seriamente a repentaglio in un istante tutti i profitti ottenuti in svariati anni di investimenti.

A esempio nel 2020 un investitore dell'S&P ha perso da inizio gennaio fino a metà marzo il 32% del capitale, totalizzando una perdita di circa 1040 punti.
Insomma, mica poco.

Un trader intraday invece...
i tracolli importanti, di quelli che azzerano il conto...
non li subisce perché sta poco tempo a mercato e non opera nei momenti di alta volatilità.

E inoltre, capitano statisticamente nei week-end o di notte. Proprio quando non ha posizioni aperte.

Considera anche che un trader intraday, su un solo strumento finanziario, in un anno può aprire centinaia di operazioni.

Se la strategia adottata è statisticamente valida, in un anno un trader intraday sarà sicuramente in positivo, nonostante abbia chiuso decine e decine di operazioni in negativo.

Ad esempio, le strategie di cui ti parlerò alla fine di questo libro hanno una percentuale di successo che si aggira tra il 70 ed il 77%. I miei corsisti in media fanno 10-15 operazioni al giorno.

Capisci che è molto facile per loro chiudere non solo ogni anno in positivo, ma anche ogni mese.

Questo supponendo ovviamente che seguano le regole del buon trader che imparerai anche tu in questo libro.

Il discorso invece è decisamente diverso per un investitore. Lui farà poche operazioni nell'arco di un anno. È quindi molto facile che il singolo anno sia in negativo.

In media, gli investitori tirano le somme per capire se hanno fatto dei buoni investimenti dopo circa un paio di anni.

I risparmiatori che fanno piani d'accumulo invece fanno considerazioni dopo addirittura 10 anni.

Generalmente un investitore preleva i suoi eventuali profitti dopo tutto questo tempo.

Invece un trader professionista che segue le mie metodologie può tirare le somme e prelevare i profitti ogni mese.

Io e altri compagni di avventura che ti farò conoscere nelle pagine di questo libro, preleviamo dal nostro conto trading tutte le settimane.

Ogni venerdì prelevo i profitti per poter partire il lunedì successivo con la stessa cifra.

Il motivo per cui ritiro i guadagni ogni settimana te lo spiegherò nella sezione dedicata alla psicologia.

Passiamo ora alla seconda intuizione che mi ha rivelato l'evidenza del mercato congestionato.

2. **Sono molti di più i rimbalzi piuttosto che gli allunghi.**

Il mercato è uscito dalla zona trading range, ha fatto un allungo e ha rotto i massimi precedenti.

Molti trader in queste occasioni si sfregano le mani ed entrano a mercato al rialzo, convinti che il prezzo salirà fino a livelli stellari.

Sono quei trader annebbiati dalla voglia perenne di prevedere il movimento della vita.

Si sentono in ritardo perché il nuovo movimento è già partito, quindi anche se ha già fatto un bel movimento entrano a mercato perché loro vogliono essere tra "quelli che erano dentro".

A questo punto il mercato allungherà di nuovo.

Ma fatalità...

Coloro che erano a mercato da inizio movimento, a questo punto escono.

Il mercato si sgonfia e proprio quando gli ultimi entrati vanno nel panico e iniziano a mettere in discussione la loro strategia, il mercato rimbalza, tornando verso i livelli in cui ha passato la maggior parte del tempo.

Questo atteggiamento io lo vedo sul Times e Sales (uno strumento che permette di vedere i contratti scambiati istante dopo istante) tutti i giorni.

Ma senza entrare nei tecnicismi e nella complessità di questo strumento, puoi notare tu stesso questo comportamento dei retailer.

Ricordi il Bitcoin a partire da novembre del 2017 come si è comportato?

Nel caso in cui non lo ricordassi, ecco qui una panoramica dei suoi ultimi 5 anni.

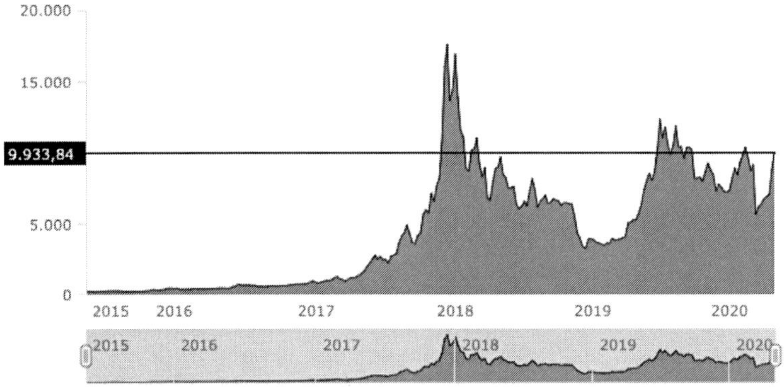

Per tutto il 2017 il prezzo del Bitcoin è cresciuto molto, più di quanto chiunque potesse aspettarsi.

Così, a partire da fine ottobre anche i telegiornali hanno iniziato a parlarne.

Gli investitori dell'ultimo minuto di tutto il mondo, vedendo la ripida curva verso l'alto, hanno investito cifre che non potevano permettersi di perdere, sicuri che quello fosse il cavallo vincente del secolo.

Così, nel novembre del 2017, grazie alla nuova e consistente liquidità è schizzato ancora più in alto.

Gli investitori scaltri, che erano entrati a mercato molto prima che i telegiornali ne iniziassero a parlare hanno chiuso le loro posizioni, tirando via al mercato milioni di $.

Ecco che così, gli investitori dell'ultimo minuto, si sono ritrovati in mano uno strumento che dalla sera alla mattina ha segnato il -50%.

Queste teorie mi hanno permesso di capire che, al contrario di quel che molti pensano, operare per cercare di prendere i rimbalzi di mercato, in realtà è molto sensato.

I miei studenti, operano conoscendo le logiche di mercato e per questo, a volte ne prendono i momenti di respiro...
a volte prendono l'intero trend, senza tralasciare neanche un tick...
e a volte riescono a seguire il trend, entrando alla fine del suo momento di respiro.

Ovviamente né io e neanche i miei studenti abbiamo la sfera di cristallo e quindi il 25% delle volte sbagliamo.

Ma poco importa, perché le tecniche che insegno prevedono un ingresso a mercato nell'esatto momento in cui lo strumento finanziario preso in esame dovrebbe respirare o invertire.
Per questo l'operatività permette stop molto stretti, che solleticano il conto rispetto ai guadagni che si possono ottenere quando vengono eseguite correttamente le operazioni.

Mi rendo conto che potresti non credere a quanto ti ho appena detto.

Magari non mi conosci e non hai mai visto le mie dirette Facebook e video su YouTube dove mostro i miei guadagni della giornata, con tanto di numero di conto, per verificare che sia in reale.

Magari non hai mai visto la mia operatività in live, fatta durante le dirette, oppure davanti alle platee delle fiere...

o ancora, nella mia sala trading di Cavarzere.

Beh, nel caso in cui tu non creda alle mie affermazioni, hai modo di documentarti abbondantemente.

Ma comunque non preoccuparti. Mi rendo conto di averti mostrato i benefici dei miei metodi senza averti ancora dato il quadro completo.

Quindi comprendo una tua eventuale diffidenza nei miei confronti. Anzi, ti consiglio di essere diffidente fintanto che non ti mostrerò logiche, meccanismi ed elementi di prova a sufficienza.

A ogni modo, è arrivato il momento di introdurti il secondo step di questo enorme puzzle.

2.2 – La matematica dei mercati finanziari

Fin dalla tenera età ho sempre avuto una certa predisposizione per i numeri. Li capisco, li prendo sempre in considerazione, li rispetto ed in cambio loro mi rivelano sempre le strade che statisticamente mi permetteranno di trarre il maggior vantaggio possibile.

A esempio, quando ho voglia di rilassarmi la sera o nei momenti noiosi della giornata, mi diverto con il poker online. Anche quello è un gioco statistico, che se affrontato con logica e con la piena padronanza dei numeri permette di eliminare una grossa componente di fortuna, e generare su un campione sufficientemente elevato di partite, discreti profitti.

Certamente non tanto quanto quelli che possono dare i mercati finanziari.

Trovo che la matematica nei mercati finanziari sia un tassello essenziale. Al pari dei movimenti fisiologici e manipolatori delle mani forti.

In questo paragrafo voglio mostrarti le considerazioni matematiche che faccio per aumentare le percentuali di successo e i profitti dalla mia operatività quotidiana.

I numeri del trading range.

Nel paragrafo precedente ti ho mostrato i miei ragionamenti, parlandoti di movimenti ondulatori del prezzo.
Il quale però rimane spesso e volentieri all'interno di un range.

Secondo le mie osservazioni infatti, i mercati finanziari difficilmente fanno sessioni monodirezionali.

Devi infatti comprendere che ogni mercato si muove a scatti. Per il 70% del tempo consoliderà, per il restante 30% si muoverà in qualche direzione.

Questo dato è verificabile su qualunque orizzonte temporale.

Guardando un grafico a 5 minuti ti accorgerai della veridicità di questo dato...
Ma potrai osservarlo anche nei timeframe di 1H, 4H, e così via. Insomma, questa è un'osservazione valida per ogni time frame.

Guarda caso, questo dato coincide con un'altra osservazione che ho fatto.

Delle 22 sessioni mensili, solo 5 o 6 risultano monodirezionali. Uno strumento finanziario fa continui movimenti che vengono parzialmente o totalmente ritracciati.

Qui sopra puoi vedere il grafico con barre giornaliere dell'S&P 500 durante tutto il mese di aprile 2020. Un mese fantastico per gli investitori, che sono riusciti a recuperare parte del tracollo dovuto al coronavirus.

Come puoi notare, le profonde shadow, ovvero le righe verticali che trovi sopra e sotto alla maggior parte dei corpi delle candele, indicano che il mercato ha fatto delle salite e discese che prima della chiusura sono state parzialmente recuperate.

In questo grafico possiamo notare che il mercato ha fatto sicuramente un rialzo. Ma ha subito svariati ritracciamenti. Possiamo dire che delle 22 sessioni, sembra che solo il 2,6,7,14 e 21 aprile siano stati monodirezionali.

Sembra...

Perché se zoomiamo queste giornate apparentemente monodirezionali, abbiamo una sorpresa.

Questo è lo stesso strumento finanziario durante le giornate del 6 e del 7 aprile settato con le candele a 5 minuti

Nel grafico precedente sembrava che il 6 e 7 aprile avessero percorso unicamente una direzione senza mai guardarsi indietro.

E invece...

Come puoi notare, il 6 aprile, questo strumento finanziario ha mantenuto una direzione prettamente rialzista, tuttavia, i rimbalzi non sono mancati.

Il 7 aprile invece, il mercato è immediatamente sceso, recuperando l'intero movimento dalle 16:45 alle 18:00, per poi scendere nuovamente durante la serata.

Fatalità, chi ha già acquistato il mio corso sulla Marsigliese si sarà accorto che proprio alle 16:50 si è verificato un segnale di ingresso Long, da tenere per tutta la salita.

Come puoi vedere, il mercato non è mai mono direzionale.
E questa informazione io la trovo essenziale per la mia operatività giornaliera.

Cerco sempre di fare entrate strategiche e rischiare meno capitale possibile. A me non piace sprecare i soldi.

Non solo gli ingressi, che cerco di calibrarli al tick... ma anche le uscite.
Infatti, so che anche se durante la mattina prendo il minimo di

giornata, comunque il mercato dopo aver esaurito la sua fase di sprint farà un ritracciamento fisiologico.

Ecco, io preferisco uscire appena il mercato mi dà segni di debolezza e rientrare appena ho nuovi segnali.
Così non devo sopportare che i grossi profitti fatti grazie a un movimento bello e pulito, mi vengano mangiati per via della correzione.

Ma non voglio dilungarmi troppo sulla mia operatività. Nei prossimi capitoli ne parlo in modo approfondito.

La matematica ha ancora molte cose da insegnare ai trader.

Monitora l'escursione di ogni strumento finanziario.

Nel paragrafo precedente ti ho parlato delle estensioni dei mercati, rivelandoti che si muovono come se fossero degli elastici.

Teoria interessante, ma assolutamente non operativa.

È infatti un piccolo pezzo del puzzle. Essenziale da conoscere, ma prima di diventare un'indicazione operativa, sono necessarie molte più valutazioni.

A esempio, la domanda successiva alla quale dovresti saper rispondere prima di entrare a mercato è:

Mediamente, di quanto si allunga l'elastico prima di tornare indietro?

Questa è la domanda che separa una persona intenzionata a fare del trading la propria professione, da una che non otterrà mai alcun risultato positivo.

Saper rispondere a questa domanda significa aver osservato seriamente ogni strumento finanziario che si vuole tradare.

L'S&P 500 si muove con una certa escursione e in una determinata maniera.

Il Dax, (l'indice tedesco) pur essendo ugualmente un indice, ha movimenti diametralmente opposti.

Ogni cambio valutario ha le sue peculiarità ed estensioni dei movimenti.

Così come ciascuna materia prima, i metalli preziosi e così via...

Devi studiare attentamente ogni strumento finanziario. Se non sei disposto a questo sacrificio, probabilmente non sono il trader a cui chiedere consigli, perché alla base di ogni mio corso o percorso, c'è sempre una fondamentale componente di studio.

Se invece sei disposto a fare qualche piccolo sacrificio per imparare il lavoro più bello del mondo, allora ti do un consiglio.

Ogni due settimane, prendi nota della media delle escursioni degli strumenti sui quali vuoi operare.

Non devi fare nulla di complicato.

Prendi il prezzo del massimo di giornata e sottrai il prezzo del minimo di giornata. A questo punto troverai l'escursione giornaliera.

Annota le escursioni dei 30 giorni precedenti e fai la media di questi.

In questo modo saprai in media di quanto si muove ogni giorno lo specifico strumento finanziario.

Questo pezzo del puzzle contribuisce ad avere un quadro più completo, ma neanche esso permette di costituire una strategia operativa.

Tuttavia, i vantaggi di questo pezzo del puzzle sono 2.

In primis riuscendo a capire la sua capacità di estensione sai a grandi linee in quale zona il mercato potrebbe ritracciare. Questo è importante non solo per capire se siamo in presenza di un eccesso, ma anche per valutare il costo/beneficio.

Ipotizziamo che lo strumento finanziario che vogliamo tradare in media ha un'escursione giornaliera di 30 punti.

Dal minimo di giornata ha fatto un allungo di 25 punti, e poi ritraccia di circa 5 punti.

A questo punto fornisce un segnale di ingresso long. Cosa fai, entri a mercato?

Come sempre devi fare una valutazione del costo e del beneficio.

In questo caso sai che indicativamente, il mercato ha spazio per salire ancora di 10 punti.

Se hai una tecnica che ti consente di entrare a mercato con 2-3 punti di stop, potrebbe aver senso.

Altrimenti, fossi in te lascerei stare e piuttosto attenderei un segnale di ingresso short una volta che lo strumento finanziario si avvicina ai 30 punti di escursione quotidiana.

Il secondo motivo per cui questo dato è importante è che puoi considerare l'escursione giornaliera per impostare gli stop nel caso in cui dovessi fare operazioni con un'ottica multiday e non sai esattamente dove mettere lo stop.

Prima di passare al prossimo paragrafo voglio darti **altri due consigli.**

Non ti limitare a misurare solo le escursioni giornaliere**.**

Ci sono alcuni strumenti finanziari che fisiologicamente fanno movimenti molto ampi prima di ritracciare e altri che invece sono un continuo su e giù.

È bene conoscere anche queste peculiarità di ogni singolo strumento. Ti consiglio quindi di prendere nota anche dell'**ampiezza media dei singoli movimenti.**

Sapere se uno strumento in media fa 50 punti prima di ritracciare oppure ne fa solo 20, fa tutta la differenza del mondo.

Ora invece ti voglio dare il secondo consiglio, che in realtà arriva da una mia studentessa che vive di trading grazie a performance che quasi tutti i fuffaguru italiani invidierebbero.

Lei si chiama Federica e il suo primo amore operativo è stato il petrolio. Utilizza i miei metodi operativi, spesso con timeframe più ampi.

Spesso e volentieri mi racconta dei Gain pazzeschi che ottiene prendendo i crolli o le impennate settimanali di questo strumento.

Ricordo ancora quando l'ho intervistata e mi ha confessato di avere aperto qualche giorno prima un'operazione short sul petrolio.

L'ha aperta a 62$ e mentre stavamo facendo l'intervista, il prezzo era a 57$.

Se fai trading su questo strumento saprai che è un bel gran movimento. Degno di nota.

Trovi quell'intervista sul mio canale Youtube (TopBorsa).

Il consiglio che ti voglio dare riguarda la sua gestione di questo tipo di operazioni durante la notte.

Lei ha notato che il prezzo durante la notte non va mai oltre 30, 40 centesimi al barile.

Così può mettere lo stop a circa 50-60 centesimi di distanza e fare sonni tranquilli, evitando che qualche anomalia possa causarle gravi danni economici.

Se hai intenzione di fare operazioni multiday, puoi fare anche queste considerazioni sullo stop loss.

Io di solito non mantengo mai operazioni aperte overnight se non ho almeno lo stop in pari, a meno che siano dei piccoli piani di accumulo che però hanno un orizzonte temporale di qualche mese.

Ora invece ti voglio parlare di uno strumento molto importante che ti aprirà gli occhi verso i ragionamenti che ti porteranno a chiudere il cerchio e avere una visione limpida dei mercati finanziari.

Pronto a scoprire tutti i segreti che si nascondono dietro alle candele?

Iniziamo.

La matematica del book

Conoscere il book è come fare una caccia al tesoro, con la mappa che segna il luogo dove potrai trovarlo.

La difficoltà sta nel saperlo leggere e soprattutto sapere cosa leggere, esattamente come in una mappa del tesoro, che prima devi imparare a decifrarla.

Una volta che avrai imparato queste informazioni basilari e riuscirai a comprendere le conseguenze della matematica sul book, aggiungerai al puzzle un grosso pezzo, che ti permetterà di arrivare a conclusioni solide.

Prima di spiegarti esattamente come funziona questo strumento, voglio chiarire una questione.

Erroneamente si pensa che il book sia uno strumento di analisi destinato esclusivamente agli scalper. C'è sicuramente un fondo di verità.
Io e molti altri scalper utilizziamo questo strumento per entrare a mercato nel miglior punto possibile.

Tuttavia, un ingresso da scalper, calibrato con uno o due tick di stop, immagino che sia allettante per chiunque.

Che senso ha rischiare 10 quando potresti rischiare solamente 1?

Anche io, nonostante mi definisca principalmente uno scalper, ogni tanto faccio operazioni che durano mezza giornata, più giornate o addirittura mesi.

Quello che cambia della mia operatività è solamente il take profit.
Lo stop rimane sempre e comunque di pochi tick.

Fatto questo piccolo, ma doveroso chiarimento, è arrivato il momento di comprendere cosa è il book e come funziona.

Cos'è il book e come funziona

Il book di negoziazione è una tabella che viene aggiornata costantemente sulla base dei nuovi ordini inseriti a mercato da ogni operatore di Borsa.

Con il book puoi vedere gli ingressi a mercato reali di retailers, cioè dei piccoli investitori, ma anche delle grandi banche, istituzionali, fondi...
Insomma, puoi vedere anche gli ingressi delle mani forti.

Osservo da così tanto tempo il book che riesco a comprendere quando i miei colleghi entrano a mercato, perché so su quali strumenti finanziari lavorano e tipicamente quanti contratti usano.

Praticamente è come se fosse il social network dei traders.

Entriamo quindi nel vivo di questo strumento.

Il book è suddiviso in due sezioni.

A sinistra, si trova la sezione verde che indica gli ordini in denaro, ovvero quelli relativi alle proposte di acquisto.
Questa sezione la si guarda prevalentemente quando si vuole vendere lo strumento in analisi.

Invece, a destra si trova la sezione blu che indica gli ordini in lettera, ovvero quelli relativi alle proposte di vendita.

Questa sezione si prende in considerazione prevalentemente quando si vuole acquistare lo strumento in analisi.

La sezione a sinistra del denaro è composta da tre colonne: nella colonna più a sinistra è riportato il numero delle proposte inserite in acquisto, in quella centrale la quantità totale dei titoli/contratti relativi alle proposte, mentre nella colonna più a destra il prezzo a cui si possono eseguire le proposte stesse.

Lo stesso discorso, ma in modo speculare lo possiamo applicare per la sezione a destra, quella della lettera.

In poche parole, il prezzo denaro e lettera è il prezzo a cui rispettivamente un compratore è disposto a comprare e un venditore è disposto a vendere.
Il book di negoziazione è l'insieme di queste proposte.

Oggi, molte banche e intermediari nelle loro piattaforme ti permettono di visualizzare il book a 5 livelli che mostra l'insieme delle 5 migliori proposte di acquisto e di vendita.

Nell'immagine che vedi qui sotto, puoi vedere un book di negoziazione a 5 livelli.

Cambia titolo | Milano | Nuovo book | Grafico

CAPITALIA (CAP.MI)

Book | Alert e Stop loss | Pushing | PULL

06/10/06 11:14:15		Min/Max	Volume	Open
6,73	+0,02€ +0,25%	6,6500 6,7450	4.630.516	6,725

#	Q.Denaro	P.Denaro	P.Lettera	Q.Lettera	#
1	1	6,7300	6,7350	96.815	8
3	13.210	6,7250	6,7400	32.949	6
3	21.258	6,7200	6,7450	30.000	3
5	21.183	6,7150	6,7500	20.243	3
2	20.243	6,7100	6,7550	66.800	10

Ora che hai compreso cosa è un Book a 5 livelli e da cosa è composto, è giunto il momento di entrare nel merito di questo strumento e capire a cosa serva realmente...

Le rivelazioni dietro ai numeri del book.

Partiamo quindi da un concetto che viene ignorato da tutti i retailers.
Come si muove il mercato?
Semplice. Dalla differenza tra domanda e offerta.
Questa regola è valida per tutti i mercati, non solo quelli che si possono analizzare per mezzo di un monitor e dei grafici a barre.

A esempio, come mai il mattone a Milano vale molto di più rispetto che in un paesino sperduto in mezzo alle Alpi?
Semplice, perché a Milano c'è molta più domanda, rispetto all'offerta.

Come mai un prezzo di un titolo azionario o di un indice si alza?
Perchè ci sono molti più compratori di quello strumento rispetto ai venditori.

Lo stesso vale al contrario. Ovvero che un prezzo cala di valore quando ci sono molti più venditori rispetto ai compratori.

Le fasi di equilibrio invece, si verificano perché il numero di compratori equivale al numero dei venditori.

Da questa visione chiara, cristallina e puramente logica dei mercati finanziari, è possibile trarre due conclusioni:

- I mercati possono essere manipolati.
- La volatilità del mercato dipende dalla discrepanza tra i contratti di vendita e di acquisto.

Riguardo alla manipolazione dei mercati ne parleremo dopo nella sezione dedicata, dove avrò modo di argomentare a fondo questo aspetto.
Mentre invece, in questo spazio vorrei concentrarmi unicamente sulla volatilità. Un argomento che tratterò sotto un altro punto di vista nel capitolo 5.

Parliamo di numeri.
Se io ho un titolo che sul prezzo attuale ha 4 contratti in vendita e uno solo in acquisto, avremo sicuramente un abbassamento del prezzo.
Lo stesso discorso è valido se abbiamo lo stesso titolo che però, ha 400 contratti in vendita e 300 in acquisto.

In entrambi i casi il mercato subirà nell'immediato un abbassamento del prezzo.
Questo lo abbiamo verificato un paio di pagine fa.
Ma la domanda che ti voglio porre ora è:
"In quale dei due esempi il prezzo subisce una flessione più rapida?"

Nel primo caso la discrepanza è solo di 3 contratti, mentre invece, nel secondo caso il divario è di ben 100 contratti.

Ma il divario numerico non è importante. O meglio, è importante, tuttavia è la percentuale a fare la differenza.

Nel primo caso sul livello di prezzo preso in considerazione i contratti in vendita sono 4 volte superiori a quelli di acquisto, mentre invece nel secondo caso i contratti in acquisto sono solamente 1/4 in meno.

Nelle azioni, i cosiddetti titoli sottili sono estremamente volatili.

Il prezzo si muove in una direzione e di punto in bianco, senza alcun preavviso inverte perché qualcuno ha caricato il book con qualche contratto in più del dovuto.

Questa, agli occhi di un novellino potrebbe sembrare un'ottima notizia, perché idealmente ci sono molti più ingressi da poter fare sui continui massimi e minimi intraday.

La verità è che i mercati con estrema volatilità in primis non permettono di operare con degli stop stretti e millimetrici.

Con la conseguenza che l'operatore di Borsa si troverà costretto a dover allargare lo stop loss, facendo quindi operazioni con un rapporto rischio/rendimento inferiore e mettendo a rischio molto più capitale.

In questo frangente mi riferisco agli operatori di Borsa che operano nel mercato reale e quindi possono fare operazioni da lotti o microlotti, senza decimazioni.

Ricordo inoltre che in questi anni di carriera ho eseguito oltre 5 milioni di operazioni e ti posso assicurare che non ho quasi mai fatto ingressi in momenti di alta volatilità.

E le poche volte che l'ho fatto, sono andato in stop.

Ti consiglio vivamente di operare in mercati che hanno dei book abbastanza pesanti, cioè che scambiano tanti contratti.

Ci sono molte azioni del mercato italiano e americano che hanno questa caratteristica.

Tra gli indici, invece l'S&P 500 a esempio ha un buon Book di negoziazione.

In media per ogni livello di prezzo vengono scambiati al mattino circa 30-50 contratti.

Mentre invece il pomeriggio, con l'apertura dei mercati, vengono scambiati dai 200 a massimo 4000 contratti.

E infatti, è uno strumento molto tranquillo, che segue sempre delle linee ben specifiche e difficilmente nasconde brutte sorprese.

Uno strumento che scambia così tanti contratti per singolo livello di prezzo è oggettivamente molto più difficile da manipolare. Sono necessari consistenti capitali.

Mentre invece, un indice come il Dax che scambia 2-20 contratti per singolo livello di prezzo è molto più volatile.

Se qualche istituzionale ha intenzione di manipolare l'andamento del mercato, con questo strumento può farlo tranquillamente.

Nei mercati finanziari contano molto i numeri.

E sul book ti possono rivelare quanto il mercato è pericoloso ed è necessario inserire stop larghi o quando invece è un porto sicuro e quindi si possono fare operazioni con solamente un paio di tick di stop.

Tuttavia devo farti una confessione.

Il book non è uno strumento finanziario trasparente in tutto e per tutto.

I numeri che il Book di negoziazione nasconde

Immagina il book di negoziazione come se fosse una grande telecamera dei mercati finanziari che permette di osservare cosa fanno gli operatori di Borsa.

Puoi vedere quando entrano, quando escono, i livelli e così via.

Purtroppo però, alcune piattaforme utilizzate dagli istituzionali permettono di inserire ordini Iceberg, ovvero ordini mascherati o asteriscati fuori dal book.

Sono ordini che passano inosservati agli occhi della maggior parte degli operatori di Borsa, in quanto invisibili, anche se sono stati immessi regolarmente.

Esiste infatti una funzione specifica sul book che permette a un operatore di mostrare sul book solo una parte di azioni o contratti immessi sul mercato, senza rivelare la reale quantità nascosta dietro quell'ordine.

In pratica su un livello di prezzo, potrebbe apparire un solo contratto, quando in realtà ce ne sono nascosi altri 200.

Funziona in questo modo. Ogni volta che il contratto singolo viene eseguito, sul book ne esce un altro finchè il totale della quantità (in questo caso 200) viene eseguito.

Tutto ciò è possibile grazie agli HFT, ovvero sistemi di trading utilizzati dalle mani forti che permettono di eseguire operazioni a mercato in millisecondi.

Se io vedessi 200 contratti su un livello del Dax, cercherei di comprare 1 tick sopra e il mio stop sarebbe all'esaurimento dei 200 contratti. Se così fosse il rischio sarebbe molto limitato e il gain potrebbe essere ben superiore rispetto alla possibile perdita.

Stessa cosa sulle azioni.

In questo modo lo stop sarebbe molto piccolo. Ecco perché gli istituzionali adoperano spesso questi ordini. Per mascherare il loro quantitativo importante e non dare segnali agli altri operatori che potrebbero semplicemente seguire le loro orme.

Oggi è possibile individuare gli iceberg, tuttavia dalla teoria alla pratica cambiano molte cose.

Pensa che nel mio corso sul volume profile, ho dedicato un intero video per spiegare tutti i dettagli degli ordini Iceberg, e sfruttarli nel modo più profittevole possibile.

Con questo paragrafo si chiude il cerchio su analisi e considerazioni che faccio con la matematica dei mercati finanziari.

Ma è anche l'esordio migliore per presentarti i padroni dei mercati finanziari.

Individuando i loro ingressi riesco a entrare a mercato con 2 tick di stop loss e 10-20-30-40 di Take Profit.

2.3 – I Movimenti Manipolatori

Benvenuto nel mondo dei grandi.
Le Mani Forti decidono il movimento dei mercati.

La teoria dell'elastico a mio parere dipinge perfettamente il movimento fisiologico del mercato.

Il problema è che purtroppo è solo teoria.

Permette di fare importanti riflessioni, tuttavia nel lato operativo è estremamente pericolosa.

Un elastico lo puoi tirare fino al suo livello di massima strizione, ma questo non significa che ogni volta l'elastico verrà tirato fino al suo limite.

Allo stesso modo, di uno strumento finanziario sappiamo che sicuramente farà un movimento verso l'alto o verso il basso, ma non sappiamo mai quanto la sua flessione sarà pronunciata.

Si estenderà per 10 punti? 20 punti o 30, prima di fare un respiro o inversione? Il calcolo dell'estensione media ti può certamente dare un'indicazione spannometrica.

Sicuramente importante. Ma rimane spannometrica.

E sui mercati finanziari ogni tick conta. È necessario lavorare con precisione chirurgica, altrimenti i guadagni saranno sporadici e discontinui.

Nessuno sa dove il mercato invertirà, quando e con quale forza.

No, neanche gli indicatori di ipervenduto e ipercomprato lo possono intuire, visto che sono basati su dati appartenenti al passato.

Non lo sa nessuno eccetto le mani forti, cioè tutti quegli enti come banche, fondi, istituzionali che hanno la possibilità economica di inserire nel mercato talmente tanta liquidità che sono in grado di far pendere il mercato verso una determinata direzione, di quel tanto che basta per far saltare gli stop delle persone, innescando quindi una reazione che fa scendere o salire ulteriormente lo strumento finanziario.

Se le metodologie che hai letto fino a ora possono risultare opinabili da chi ha un metodo differente dal mio, i movimenti delle mani forti sono un'evidenza oggettiva.

Come ti ho precedentemente detto nel paragrafo dei book di negoziazione, maggiore è la disparità tra i contratti in acquisto e quelli in vendita, più il mercato risulta nervoso.

Ecco che quindi si verificano veloci e imprevedibili discese e salite che mandano in stop le posizioni di quasi tutti coloro che sono esposti nel mercato.

Questi strani movimenti non possono essere provocati da uno o una community di traders che entrano a mercato nello stesso istante.

Comunque non hanno abbastanza potere.

A volte ho visto che venivano caricati sull'S&P 500 20.000 contratti su un singolo livello. Cifre che solo le mani forti dispongono.

Solo loro possono creare marcate e improvvise disparità tra compratori e venditori.

Osserva la foto che vedi nella pagina successiva. È un collage di due foto che riprendono lo stesso grafico (l'indice italiano), allo stesso timeframe. Ovvero 30 minuti.

Solo che, in quella di sinistra ho aggiunto i volumi.

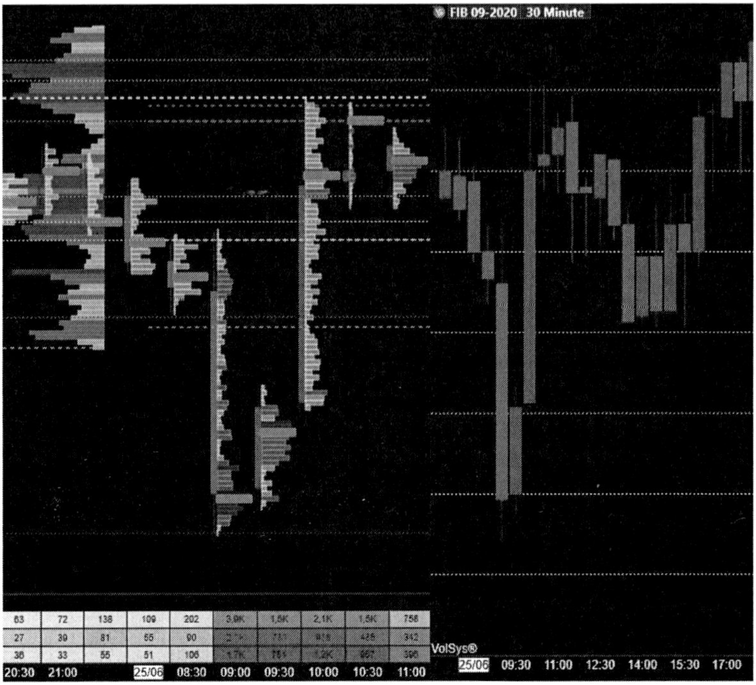

Guarda caso quando ci sono dei rimbalzi, i volumi schizzano alle stelle.

Per chi ha fatto il mio corso sul Volume Profile, dopo la formazione della candela rossa era evidente il livello di ingresso, di stop loss e anche di uscita.

Se sei in grado di conoscere ogni dettaglio dei volumi l'operatività è oggettiva.

Gli errori didattici e psicologici sono minimi.

Quando apri posizioni contrarie alle mani forti, stai scommettendo che tu abbia più controllo del mercato rispetto a loro.

Ma non è così.

Se cerchi di battere le mani forti al loro gioco, le probabilità di andare incontro a tempi bui sono talmente elevate, che si possono considerare una certezza.

E quindi cosa puoi fare per essere profittevole sui mercati? Comprendere che il mercato è manipolato dalle mani forti... e nessuno potrà mai batterle.

Giulio Cesare, un uomo che di strategie qualcosa sapeva disse:

"Se non puoi batterli, unisciti a loro".

Ed è esattamente l'approccio che insegno in ogni corso ai miei studenti.

Entrare a mercato esattamente quando le mani forti fanno le loro mosse.

Sono convinto che questo sia l'approccio corretto per trasformare il trading in un lavoro costantemente redditizio.

Vediamo quindi come e dove si muovono le mani forti... e perché eseguono certi movimenti.

Conoscere i movimenti delle mani forti è importante, ma ora

è arrivato il momento di approfondire ulteriormente il discorso e capire che noi trader Retail sui mercati finanziari non valiamo nulla.

I mercati finanziari sono di proprietà di grandi banche, broker, hedge fund e così via... la maggior parte della liquidità su ogni strumento finanziario è loro.

E sono costantemente in lotta tra di loro.

Vince sempre chi ha più soldi e riesce a trarre in inganno l'avversario, portando le sue posizioni in stop.

Ricordo di una simpatica chiacchierata che feci con un ragazzo che lavorava in un fondo d'investimento molto grosso.

Mi disse che ogni giorno al suo team operativo partivano i 5 minuti perchè notavano che gli altri Hedge fund li buttavano fuori, mandandoli in stop.

Quando lui è passato a lavorare per un altro Hedge fund, gli operatori di quel nuovo fondo dicevano le stesse, identiche, cose:

"Guarda quegli stronzi della XXX che ci stanno buttando fuori."

Quindi se vedi le mani forti come un grande nemico che ti entra nel computer e osserva i tuoi movimenti per mandarti in stop, voglio tranquillizzarti.

Loro i Retailer non li prendono in considerazione. Lottano tra di loro.

E tu puoi trarre grandi risultati se sai come operano, dove si posizionano e perché.

Partiamo quindi con ordine.

Le mani forti operano in ogni fase di mercato, ma sulle rotture dei minimi e dei massimi danno il meglio, eseguendo una serie di false rotture.

Fino a che mandano in stop loss tutto il mercato e hanno la strada completamente libera.

Infatti, sotto un livello di supporto ci sono ordini di chi vuole mettersi short per proseguire il trend e ordini di chi vuole stoppare l'operazione, perché era entrato in qualche livello più alto.

Le mani forti in questo frangente eseguono diversi falsi breakout per mandare tutti in stop. Meno persone sono a mercato e maggiore è il loro controllo.

Se sono padroni degli scambi di quello strumento, possono decidere loro i prezzi.

Non a caso, quando il mercato scende e fa un minimo, questo rimbalza con molta forza.

Perché così gli istituzionali fanno comprare il titolo a un prezzo superiore.

E ora facciamo un passo in più.

In questo capitolo ti ho spiegato che il mercato nel 70% dei casi è in trading range. Il motivo, ancora una volta, sta nelle mani forti.

Ipotizziamo che ci si avvicini a un minimo e all'improvviso il mercato crolli.

Facendo l'analisi dei volumi ci accorgiamo che sono le mani forti ad aver spinto verso il basso il mercato.

Il prezzo scende fino a prendere gli stop loss di tutti i traders a mercato.

Istituzionali inclusi.

Se c'è una massa enorme di stop loss, tra cui anche quelli degli istituzionali, tecnicamente il mercato dovrebbe crollare.

E invece no.
Si blocca, ma se guardiamo il volume su questo nuovo minimo, ci accorgiamo che la barra volumetrica schizza alle stelle.

Per quale motivo? Semplice, perchè chi ha provocato la caduta voleva assorbire la liquidità di coloro che volevano vendere.

A questo punto il mercato è libero da volumi.
Non ci sono più barriere e quindi può correre verso l'alto anche con "pochi" contratti e rientrare nell'area di equilibrio con una forza esplosiva.

Nel mercato ci sono più forze, spesso discordanti.
Questa è un'arena dove le mani forti si scontrano tutti i giorni.
Mors Tua Vita Mea.

E a questo gioco vince chi ha la possibilità di mettere sul piatto più soldi.

Basta. Non ci sono altre regole.

Ecco perché qualunque analisi sarà inutile se non supportata da evidenze volumetriche.

Secondo uno studio di JPMorgan del 2017, gli investitori passivi come ETF e conti di investimento quantitativi, che utilizzano il trading algoritmico ad alta frequenza, erano responsabili del 60 percento dei volumi complessivi di trading.

Questo ci fa capire che i mercati finanziari sono mossi principalmente dalle mani forti.

Quindi tutte le teorie che non sono supportate da evidenze volumetriche, sarebbero corrette se tutti avessero la stessa forza sul mercato.

Metodi di pura analisi tecnica sono basati sulla statistica della massa.
Quindi funzionerebbero perfettamente se ogni player contasse 1. Come abbiamo però visto nelle righe precedenti, i retailers valgono 1, mentre le mani forti valgono molto di più, anche 100.000 per esempio.

Personalmente utilizzo i volumi come se fossero un semaforo.

Se la mia idea operativa è supportata da forti volumi, allora il semaforo sarà verde e quindi il mercato sarà pronto per darmi ottimi profitti.

Al contrario, se la mia idea di trading non è confermata dai volumi, il semaforo sarà rosso. Appena diventa verde entrerò a mercato.

Probabilmente, se sei un trader navigato, potresti aver capito un aspetto molto interessante sui volumi e te lo voglio confermare.

I livelli di prezzo con alti volumi sono livelli di supporto, resistenza o anche target.

Molti insegnamenti che vengono dispensati in questo settore, come vere e proprie regole, in realtà non sono altro che un accrocchio di pure opinioni.

Anche un orologio rotto segna due volte al giorno l'ora corretta.

Il primo obiettivo che mi sono preposto è quello di insegnarti a riconoscere e ignorare tutte le teorie che non hanno solide basi logiche, concentrando invece tutte le energie sulle poche evidenze davvero valutabili.

Nel mercato della formazione, un concetto decisamente abusato è quello dei supporti e delle resistenze.

Parlando con i ragazzi che vengono a fare un giro nella mia sala trading, spesso mi confessano alcune metodologie dei fuffa-guru per trovare diversi livelli di supporti e resistenze.

Disegnano montagne, canali, livelli incrociati, mostrando che su quei livelli il mercato si è precedentemente fermato.

Questo tipo di supporti appartengono alle opinioni.
E ora ti mostro il motivo.

Come vedi, ho tirato diverse righe che partono dal punto A e dal punto B e si appoggiano su diversi minimi.

Queste linee sono state tracciate a posteriori, sapendo esattamente come il mercato si è mosso nelle ore successive.

Già questo dovrebbe farti capire che siamo nel mondo delle opinioni.

Ma tralasciamo per un attimo questo dettaglio.

Secondo te, quale delle 3 linee tracciate partendo dal punto A è il vero supporto?
E quale delle 4 linee che intersecano il punto B faranno da resistenza?

Inoltre, sono questi i veri supporti e resistenze, oppure ho dimenticato di segnarli?

Sono convinto che se prendessi 100 traders esperti e gli mostrassi questo grafico e gli ponessi le stesse domande, probabilmente mi risponderebbero in 100 modi diversi.

Ognuno direbbe la sua opinione.
Inoltre sono convinto che se analizzassi questo grafico, ma con diversi timeframe, troverei altre centinaia di linee da tracciare.

La verità però è che chiunque provasse a dare una risposta, sbaglierebbe.
I supporti e le resistenze dovrebbero avere il compito di individuare dei punti strategici in cui il mercato farà un'inversione.

Ma noi sappiamo che i rialzi invertono la rotta (anche momentaneamente) quando c'è un considerevole scambio di volumi.

Quindi, la risposta corretta alle domande che ti ho posto è:

"Il grafico, non contenendo i volumi, non permette di mostrare i reali supporti e resistenze".

Ora che hai una conoscenza dei volumi voglio darti uno spunto in più.

Gli alti volumi di contratti inseriti su un unico livello, non hanno il solo scopo di far cambiare momentaneamente direzione al mercato.
Fungono anche da protezione dei livelli di prezzo successivi.

Infatti, se sono stati inseriti 1000 contratti short sul massimo precedente, il mercato non potrà superare quel prezzo se prima i 1000 contratti al raggiungimento di quel prezzo non verranno comprati. Solo a quel punto i prezzi potranno continuare a salire.

Ti ricordo che se su un livello c'è una prevalenza di venditori, i mercati finanziari non potranno salire fintanto che il livello non verrà prima pareggiato con i compratori, e poi superato con una prevalenza di questi ultimi.

Ma c'è di più...

I blocchi di contratti inseriti nel mercato dalle mani forti, essendo dei potenti supporti e resistenze, sono anche degli indicatori di target.

Come? Molto semplice.

Se io apro una posizione short, perchè sui massimi di mercato sono entrate le mani forti, so che il mercato scenderà, ma fino a dove?

Non ho alcuna certezza di quanto scenderà, visto che le mosse degli istituzionali non si possono prevenire, ma solo seguire.

Quello che però so è che se a un determinato livello inferiore ci sono importanti picchi volumetrici, probabilmente il mercato potrebbe rimbalzare in quel punto.

È intelligente quindi inserire il target qualche tick prima del molto probabile punto di rimbalzo.

Un approccio ai mercati finanziari così logico, matematico e oggettivo mi permette di entrare a mercato rischiando circa due tick di stop per andare a prendere livelli distanti 10-20-40 tick.

Non entro mai a mercato se lo stop loss è elevato e il rapporto rischio-rendimento non è di almeno 1 a 3.

Ma di questo ne parleremo meglio più tardi.

In conclusione, ogni volta che entro a mercato cerco di realizzare operazioni chirurgiche e per fare ciò, l'ingresso deve essere in linea con tutti i pezzi del puzzle che ti ho mostrato nel capitolo.

Se l'ingresso non rispecchia a pieno tutti i check del mercato, so che nel lungo periodo il mio metodo di trading sarà fallimentare.

Tieni bene a mente che un operatore di Borsa di successo lavora esattamente come un medico.

Un dottore non ama indovinare.
Per proporre una diagnosi intelligente e quanto più vicina alla certezza, ti sottopone a una serie di analisi, come la pressione sanguigna, battito cardiaco, colesterolo, peso corporeo, analisi del sangue, e così via...

Solitamente questi test generano valori numerici che, analizzati correttamente, riescono a evidenziare eventuali problemi reali o potenziali.

Se vuoi essere un trader di successo che guadagna dai mercati in ogni singola sessione, la prima cosa che devi sempre fare è analizzare il mercato.

Non con le tue idee, ma con le evidenze che lo strumento finanziario mostra.

Credimi. Conoscere queste idee, anche se non sono direttamente operative, ti permetterà di elaborare in autonomia strategie di trading di successo.

Inoltre, grazie a una macro visione dei mercati finanziari, potrai eseguire operazioni di trading intelligenti e disciplinate.

Se segui questo approccio non entrerai mai a mercato fintanto che non sarai convinto di avere la ragionevole certezza di non commettere un errore stupido.

Nel lungo periodo questo è l'unico approccio sensato che ti permetterà di non commettere errori dovuti a confusione.

Poi l'operazione potrebbe andare ugualmente male. Fa parte del gioco.
Ma se hai eseguito l'operazione seguendo le logiche del mercato e la tua strategia operativa, sarai comunque soddisfatto dell'operazione, visto che se il mercato ti andrà contro, lo stop loss farà il suo dovere.

Questo approccio ai mercati finanziari mi permette di avere un vantaggio enorme rispetto a coloro che tentano di indovinare.

Un trader non lancia mai una monetina. Un trader di successo si apposta, studia i mercati tutti i giorni e appena gli capita sotto click un'operazione, entra a mercato in totale sicurezza e ne esce con un bel bottino tra le mani.

Sfruttando l'eterna lotta tra Big Players.

Ora che sei in grado di comprendere come si muovono i mercati finanziari, ti basta trovare una strategia in linea con le logiche di mercato che ti possa permettere di capitalizzare le opportunità.

A partire dal capitolo 4 inizierò a parlarti di alcune strategie che adotto io quotidianamente sui mercati finanziari, ma prima di arrivare a questo punto è bene che ti parli di un altro argomento fondamentale.

La psicologia.

Capitolo 3

Psicologia e soldi nel trading

3.1 – La psicologia prima della tecnica

Nel capitolo precedente ti ho parlato delle logiche che stanno alla base di ogni singolo movimento dei mercati finanziari e di come le Mani Forti siano in grado di pilotarne i prezzi, attraverso gli enormi capitali a loro disposizione.

Se non comprendi fino in fondo queste logiche, rischi di arrancare nei mercati e far fatica a mettere il pane in tavola, anche se possiedi la psicologia del trader vincente e conosci tutte le migliori strategie di trading.

D'altro canto la giusta psicologia, o il giusto mindset se vogliamo dirlo all'americana, è indispensabile per diventare un trader profittevole.

Te lo dico perché parlo per esperienza.
Infatti, nella mia vita ho formato moltissimi trader e ho insegnato loro tutto quello che so sui mercati finanziari.

Ho insegnato loro come le mani forti riescano a buttar fuori dal mercato schiere di investitori inconsapevoli traendone un ingente profitto...

E anche tutti i pattern da me teorizzati in 20 anni di osservazione dei grafici. Gli stessi pattern, ti ricordo, che utilizzo quotidianamente e che mi permettono ogni anno di triplicare il conto su cui opero.

Nonostante ciò, non tutti gli aspiranti trader che seguono i miei corsi hanno successo.

Qualcuno diventa un trader professionista che guadagna tutti i giorni cifre consistenti.

Qualcuno si arrabatta tra alti e bassi senza mai spiccare veramente il volo, e qualcuno alla fine capisce che quella del trading non è la sua strada.

So che molti fuffa-guru ti promettono che grazie ai loro corsi potrai arricchirti facilmente, mentre io ti sto dicendo serenamente che non basta seguire i miei corsi per diventare un trader profittevole.

La verità è che queste persone hanno più bisogno di me che tu frequenti i loro corsi.

Io per prima cosa sono un trader che guadagna tutti i giorni dal mercato. Se decidi di acquistare uno dei miei corsi, oppure no, non mi sposta minimamente il bilancio annuale.

Tuttavia ho scritto questo libro per darti modo di capire se il trading può essere la tua strada, pertanto ho deciso di toccare non solo gli aspetti tecnici legati a questo lavoro ma anche gli aspetti psicologici.

Infatti, la verità è che a parità di conoscenza, a parità di tecniche, e a parità di strategie, la differenza tra un trader di successo e un trader che sopravvive a stento, sta proprio nel suo Mindset.

La bella notizia è che il Mindset del trader vincente non è innato ma puoi acquisirlo. La brutta notizia è che non basta leggere un libro né tantomeno seguire un corso, e soprattutto non è una cosa che puoi delegare.

Il Mindset del trader vincente lo acquisisci allenando la tua mente esattamente come alleneresti qualsiasi altro muscolo del tuo corpo, cioè facendole ripetere determinati comportamenti più e più volte.

In questo capitolo quindi voglio indicarti sette caratteristiche comuni a tutti i trader di successo in modo che tu possa allenarle costantemente per acquisire il Mindset del trader vincente.

Partiamo dalla prima:

1. **Un trader vincente si forma prima di lavorare nei mercati.**

Immagina per un attimo di venire assunto come operaio in una nuova azienda. Anche se il lavoro è piuttosto semplice, tu non l'hai mai fatto prima d'ora.

Chi ti ha assunto ne è consapevole, tanto che per un certo periodo di tempo ti affianca un operaio più esperto di te che ti insegna il mestiere.

A tutti gli effetti l'azienda sta impiegando due persone per fare il lavoro di una.

Se non facesse in questo modo tu, che sei il nuovo arrivato, saresti lasciato allo sbando. Impareresti molto più lentamente il tuo lavoro, per un po' di tempo la tua produzione sarebbe al di sotto degli standard qualitativi e quantitativi e, soprattutto, non conoscendo i pericoli nascosti della tua mansione, rischieresti di farti male.

Una persona che ti affianca, invece, ti mette subito in guardia dei rischi del tuo mestiere e accelera la tua curva di apprendimento portandoti velocemente a regime.

Tutto questo ha senso, vero?

Chissà perché nel mondo del trading molte persone ragionano al contrario. Prima vogliono provare da sole e si mettono a fare trading senza nessuna conoscenza specifica.
Inevitabilmente succede che perdono i propri soldi, e solo dopo si mettono a cercare qualcuno che faccia loro da mentore.

Purtroppo ogni tanto ricevo messaggi del tipo:

"Paolo, ho perso 20.000 €, per favore aiutami. Se lo scopre mia moglie mi uccide"

Oppure:

"Paolo, non appena riesco a guadagnare qualcosa in Borsa vengo a fare il tuo corso"...

In entrambi i casi rimango amareggiato e senza parole.

Mi spiace essere così diretto, ma se speri di guadagnare in Borsa prima di investire dei soldi per formarti, beh, sappi che molto probabilmente perderai anche quei pochi soldi che possiedi.

Se invece hai perso una grossa somma di denaro perché non sapevi cosa stavi facendo, le responsabilità è tua e io non posso fare nulla in prima persona per farti recuperare ciò che hai perso.

Tra l'altro, gestire i conti di altri è illegale, quindi guardati attentamente da persone che ti fanno promesse di questo tipo perché nella quasi totalità dei casi si tratta di truffe.

A me dispiace profondamente per tutte le persone che perdono i propri risparmi giocando in Borsa. Ho usato appositamente il termine "gioco" perché evidentemente per queste persone non è stato niente di più. Operare sui mercati senza delle competenze adeguate equivale a giocare d'azzardo, ma non è questo il mio approccio.

Purtroppo per queste persone posso fare ben poco se non metterle in guardia dai pericoli che corrono e tentare di convincerle a scegliere un approccio più serio. Cosa che sto appunto facendo con questo paragrafo.

Mi rendo conto che conoscendo la mia storia qualcuno potrebbe pensare:

"Eh ma Paolo, tu stesso ammetti di non aver seguito nessun corso di formazione prima di iniziare a fare trading, perché io non posso fare lo stesso?"

Semplicemente perché sono cambiati i tempi e i mercati.

Quando ho iniziato io, con un po' di calma e sangue freddo, era possibile imparare in completa autonomia e iniziare gradualmente a guadagnare.

Ovviamente qualcuno che si è fatto parecchio male c'è stato anche allora. Io stesso – nonostante ci sia andato molto cauto e abbia studiato centinaia e centinaia di grafici che tracciavo manualmente su un quaderno – qualche bastonata dal mercato l'ho presa ugualmente.

Quello che mi ha salvato è sempre stato il fatto di limitare innanzitutto le perdite.

Nel tempo però i mercati e gli operatori si sono evoluti e i pesci grossi sono diventati più abili a mangiare i pesci piccoli.

Adesso il mercato pullula di sistemi HFT (High Frequency Trading), dei sofisticati computer, programmati dalle menti più brillanti del nostro pianeta, che vengono utilizzati delle Mani Forti per speculare su ogni minima oscillazione di mercato, facendo bruciare il conto dei trader sprovveduti in un batti baleno.

Oltre a perdere dei soldi, vedere il proprio conto annullato crea un danno a livello psicologico dal quale solo pochi sono in grado di riprendersi.

Per usare una metafora tennistica, iniziare a fare trading senza esserti formato è come giocare una partita di tennis contro Nadal o contro Djokovic senza aver mai preso in mano una racchetta da tennis.

Solo che nel trading, perdere la partita equivale magari a perdere i risparmi di una vita.

Quindi...

Se vuoi diventare un trader vincente devi formarti costantemente.

Non ti sto dicendo che devi per forza formarti da me. Semplicemente ti sto dicendo di trovarti un mentore che non insegni soltanto, ma che operi veramente nei mercati e soprattutto che ti mostri la propria operatività e i propri conti.

A parole sono tutti bravi ma nel trading sono solo i numeri che contano.

2. Un trader vincente si sa isolare mentalmente e se ne frega di cosa pensano gli altri

Nel medio e lungo periodo il trading è un lavoro assolutamente meritocratico perché non esistono colpi di fortuna o di sfortuna che si protraggono per tempi indefiniti.

Va da sé che le chiacchiere non contano nulla se non sono supportate dai risultati.

Specialmente all'inizio della tua carriera troverai decine di persone, rigorosamente senza risultati alle loro spalle, che vogliono consigliarti cosa sia meglio per te.

A volte ti consiglieranno di lasciar perdere e trovarti un lavoro vero. Altre volte invece vorranno consigliarti cosa è meglio comprare o vendere, senza aver nessuna esperienza in materia.

Sinceramente credo che la maggior parte delle volte le persone diano dei pessimi consigli in buona fede. Specialmente le persone che ti sono più vicine ci tengono a darti dei consigli perché, a livello inconscio, vogliono proteggerti.
Oppure perché, sempre inconsciamente, temono di perderti nel caso in cui tu spiccassi il volo.

Ricordo benissimo il periodo in cui si è saputo in giro che volevo dedicarmi unicamente al trading.

Tutte le persone che mi stavano intorno mi dicevano che ero un pazzo. Loro non avevano mai fatto trading e pensavano che tutto quello che girava intorno ai mercati finanziari fosse qualcosa di sbagliato e mi consigliavano di lasciar perdere.

Addirittura mi prendevano in giro per la mia folle idea di farne una professione.

Per loro avevo il destino già tracciato. Ormai ero l'amministratore dell'azienda di mia madre. Vendevo corsi di taglio e cucito e avrei dovuto continuare a fare quello per tutta la vita. Tra l'altro l'azienda andava anche abbastanza bene, per quale motivo avrei dovuto cambiare strada?

Proprio non se ne capacitavano e mi credevano un folle che avrebbe dilapidato il patrimonio di famiglia.

Questo per darti solo un assaggio di tutte le parole di incoraggiamento che ricevevo da chi mi stava intorno.

Ripeto, non necessariamente lo facevano in cattiva fede. Anzi, la maggior parte di questi commenti venivano da persone che mi volevano bene, tra l'altro una di queste era proprio mia madre.

Immagino che situazioni simili siano capitate anche a te. È una cosa tipica che accade ogni volta che vuoi fare qualcosa che in qualche modo ti stacca dallo status quo.

Il motivo psicologico che fa scattare queste reazioni è sempre lo stesso. Chi ti sta intorno vuole proteggerti e ha paura di perderti.

Ma con questo tu non puoi rinunciare ai tuoi sogni per le paure degli altri. E nella maggior parte dei casi, tentare di convincere le altre persone che stai facendo la scelta giusta sono solo tempo ed energia sprecati.

Il modo migliore per convincerli che hai ragione tu è mostrarglielo.

Ma per fare ciò devi imparare a non farti influenzare. So che non è facile, ed è per questo che credo che l'unico modo sia quello di isolarti mentalmente, esattamente come ho fatto io all'inizio.

Tramite l'isolamento io mi sono staccato da chi mi circondava, mi sono isolato dalle opinioni e dai consigli non richiesti e ho preso solo decisioni oggettive frutto dei miei ragionamenti.

Le decisioni corrette mi facevano guadagnare.
Le decisioni sbagliate mi facevano imparare.

Ero determinato a diventare un trader di successo, me ne sono fregato delle opinioni della gente e mi sono concentrato unicamente sul mio obiettivo.

Ed è quello che mi sento di consigliare anche a te, in generale, non solo per quanto riguarda il trading.

Prendi una decisione, metticela tutta e portala avanti fino in fondo.

Come disse Lincoln, il miglior modo per predire il tuo futuro è quello di crearlo.

3. Un trader vincente sa gestire le proprie emozioni.

La terza caratteristica di un trader vincente riguarda la capacità di "gestire" le proprie emozioni.

Chiarisco il punto con un esempio.

Ti è mai capitato che qualcuno ti mandasse fuori dai gangheri?
Magari hai perso il controllo e hai discusso animatamente con questa persona...
Poi, finita la burrasca hai pensato una cosa tipo: *"Tizio mi ha proprio fatto arrabbiare"*.

A me è capitato decine di volte nella mia vita. Poi un giorno, al posto di "imprecare" mentalmente contro chi "mi aveva fatto arrabbiare" mi sono fatto una domanda all'apparenza strana.

Mi sono detto infatti:

"Ma Paolo, è veramente Tizio che ti ha fatto arrabbiare... o sei tu che ti sei arrabbiato?"

Rifletti attentamente sulle implicazioni di questa domanda perché è in gioco il tuo destino da trader.

Anche se sembra solo una distinzione di stile in realtà è molto importante. Infatti, se pensi che sia Tizio che ti ha fatto arrabbiare è come se stessi cedendo il comando delle tue emozioni a persone o eventi fuori dal tuo diretto controllo.

Viceversa se pensi di essere tu che "hai deciso" di arrabbiarti, allora vuol dire che almeno sei consapevole di poter gestire le tue emozioni e te ne prendi la responsabilità.

Se volessi spiegartelo dal punto di vista biochimico è proprio questa la versione corretta dei fatti, in quanto un'emozione non è altro che un cocktail di sostanze chimiche, rilasciate da opportune ghiandole del nostro corpo dietro comando del cervello.

Sei tu che comandi le tue emozioni, nessun altro!

Mi rendo conto di avere iper semplificato la faccenda.

So anche che molte volte capitano delle cose su cui non abbiamo nessun controllo, ma che influenzano notevolmente il nostro stato d'animo in positivo o in negativo.

Non siamo delle macchine.

Però, come torno a ripeterti, queste emozioni non sono determinate dall'evento in sé quanto piuttosto dalla tua interpretazione soggettiva dell'evento stesso.

Te lo ripeto, le tue emozioni sono determinate dalla tua interpretazione **soggettiva** dell'evento.

La parola chiave è "soggettiva" perché a parità di evento possono esserci interpretazioni diverse che innescano emozioni diverse e con esse reazioni diverse.

Ti faccio un esempio.

Immagina di avere un appuntamento galante con una ragazza di cui sei infatuato.

Vi siete messi d'accordo per vedervi alle 20 fuori dal ristorante.

Ti presenti puntuale all'appuntamento ma non c'è nessuno.

Aspetti paziente ma alle 20:15 la tua Lei ancora non arriva.

Decidi di chiamarla ma il suo telefono è irraggiungibile.

Potresti pensare una cosa tipo: *"Iniziamo bene, è in ritardo al nostro primo appuntamento"*.

Oppure: *"Non arriverebbe mai in ritardo senza avvertirmi... Le è sicuramente successo qualcosa..."*

L'evento è lo stesso ma i pensieri sono molto diversi e questi innescano due stati d'animo molto diversi.

Mettiamo che lei si presenti all'appuntamento con un'ora di ritardo. Anche se non ne sei consapevole, la tua reazione nel vederla è influenzata da cosa hai pensato in precedenza e dalle emozioni che hai provato.

Nel primo caso probabilmente la accoglieresti un po' seccato...
Mentre nel secondo caso tireresti un sospiro di sollievo nel vederla sana e salva.

Tutto questo c'entra con il trading più di quanto ti immagini perché ogni operazione che compi è influenzata dalle tue emozioni.

Addirittura ci sono emozioni, come la rabbia e la paura per esempio, che inibiscono il pensiero razionale.

Pertanto, potrei dirti che devi operare sui mercati con uno

stato d'animo sereno o quantomeno neutro e di non lasciarti influenzare dagli eventi esterni...

Ma so che è più facile a dirsi che a farsi.

Sia ben chiaro, non sto dicendo che non sia possibile. Semplicemente anche la gestione del tuo stato d'animo è una cosa che devi allenare.

Nel frattempo devi dotarti di un metodo di lavoro che ti consenta di prendere delle decisioni a mente fredda.

Purtroppo nemmeno questo ti può mettere completamente al riparo perché l'esperienza mi insegna che anche la corretta applicazione di un metodo è influenzato dalle tue emozioni.

Per esempio, la prima cosa che insegno ai miei studenti è di posizionare lo stop loss subito dopo essere entrati a mercato, e non toccarlo se non per metterlo a protezione dei guadagni maturati.

Secondo te mi danno tutti retta?

Qualcuno fortunatamente sì, ma c'è anche chi non mette proprio lo Stop e chi, invece, all'inizio lo mette ma poi, vedendo che l'operazione non va nel verso desiderato, lo sposta per evitare di farlo scattare, facendo così aumentare anche la potenziale perdita subita.

Esattamente come nel caso del ritardo della ragazza, l'interpretazione soggettiva dell'evento "Prendere lo Stop" suscita emozioni diverse nei trader.

Un trader potrebbe provare dolore ogni volta che prende uno Stop perché lo interpreta come un fallimento della propria strategia. Non accetta il fatto di aver "sbagliato" l'operazione senza rendersi conto che in realtà non è proprio possibile azzeccare tutte le operazioni che si compiono.

Viceversa un altro trader potrebbe vedere lo stop loss come il suo miglior amico perché grazie a quello limita i rischi, e sa che gli bastano poche operazioni giuste per rientrare di tutte le operazioni andate male.

Come vedi sono punti di vista diversi che nel lungo periodo portano a risultati molto diversi.

Se ti rendi conto di provare dolore ogni volta che prendi uno stop loss, sforzati di vedere la cosa in modo diverso. Devi convincere te stesso e il tuo inconscio che lo stop loss è un tuo prezioso alleato.

Ripeti a te stesso:

Lo Stop Loss è un prezioso alleato messo a protezione del mio capitale.

Prendere degli stop loss è fisiologico, fa parte della strategia per guadagnare tutti i giorni dai mercati.

L'argomento "Emozioni" è tanto importante quanto vasto. Anche se lo riprenderò nei prossimi paragrafi non ho la pretesa di essere esaustivo.

Se solo sei riuscito a comprendere che le tue emozioni non sono una cosa che devi per forza subire passivamente, hai già segnato un punto importante nella tua carriera di trader.

4. Un trader vincente è paziente e disciplinato.

La pazienza è una qualità che, mio malgrado, ho sviluppato già da piccolo a causa della malattia e dei lunghi soggiorni in ospedale.

La disciplina invece l'ho allenata negli anni. Prima con il tennis e poi grazie al trading.

Entrambe queste qualità sono indispensabili per un trader di successo.

Infatti, devi essere paziente ed entrare a mercato solo quando si presentano segnali importanti che hai studiato in precedenza. Allo stesso modo devi essere disciplinato nel portare avanti la strategia che hai pianificato a mente fredda.

Ancora prima del trading online io aspettavo per giorni, a volte settimane che un titolo avesse un minimo di positività dopo parecchi giorni di negatività.

Questa era la mia strategia di ingresso e se il titolo non seguiva questo schema, semplicemente non entravo.

Quando ho aperto il conto on-line la mia operatività è cambiata. Qualche volta all'inizio è capitato anche a me di entrare a mercato senza aspettare i segnali più importanti.

A mente fredda mi sono reso conto di aver sbagliato e ho cercato di capire cosa mi avesse spinto a comportarmi così.

In realtà il meccanismo è piuttosto semplice. Come già ti ho accennato tutto nasce dalla concezione che ciascuno di noi ha del lavoro.

Stare davanti al computer a guardare i grafici che si muovono, nell'inconscio comune non è lavorare.

Ricordo che, prima di comprare l'appartamento nel quale ho ricavato la sala trading, ero in casa di mia madre a operare sui mercati.

Più di una volta mi sono sentito dire cose tipo:

"Cosa fai tutto il giorno a perdere tempo davanti al computer... Non sai che il tempo è denaro?..."

Frasi di questo tipo non sono d'aiuto a un aspirante trader. Non a caso, nei paragrafi precedenti, ti ho parlato anche dell'importanza di isolarti.

A causa dei condizionamenti ricevuti dalle persone che ci circondano e dalla società in generale, succede che, mentre te ne stai a osservare i grafici, a un certo punto ti scatta qualcosa in testa.

Magari sei davanti al computer da due o tre ore e ancora non hai fatto nessuna operazione. Dal profondo del tuo inconscio un sussurro ti ripete che stai perdendo tempo... Che non stai facendo nulla... Che dovresti trovarti un vero lavoro... etc.

A mente fredda sai che non è vero. Ma in quel momento hai delle emozioni contrastanti che offuscano la tua razionalità.

La voglia di cliccare con il mouse e fare qualche operazione è sempre più forte, anche perché così dimostri a te stesso che stai veramente lavorando.

Ma cedere a questa irrazionale tentazione è un grave errore che devi evitare in tutti i modi.

Se vuoi diventare un trader professionista devi capire che ci saranno giorni in cui aspetterai quattro o cinque ore, e poi comunque deciderai di non entrare a mercato perché non hai individuato i segnali che aspettavi.

Il rischio di comportarsi diversamente è più alto di quello che credi.

Sulla singola operazione magari ti va bene, o magari perdi, ma poco perché hai messo lo stop.

Alla lunga però il pericolo è quello di abituarti a fare delle operazioni senza seguire delle regole, ma solo perché è trascorso troppo tempo senza aver fatto nulla.

Questo non deve succedere.

Un trader professionista è come un cecchino. Non

spara solo perché è appostato da tanto tempo ma resta pazientemente in attesa del momento giusto per colpire il bersaglio.

5. **Un trader vincente pensa e agisce velocemente.**

I mercati si muovono in continuazione e di certo non stanno ad aspettare te. Spesso tutto si gioca nel giro di pochi istanti in cui devi decidere di entrare a mercato, decidere la quantità di denaro con cui entrare e dove posizionare lo stop loss.

Più tempo aspetti e peggiore potrebbe essere il rendimento del trade che volevi fare.

Per chi è all'inizio può sembrare complicato, e in effetti lo è. Ma voglio tranquillizzarti. L'essere umano è una macchina nata per imparare e il trading è una delle tante abilità che puoi imparare, se solo lo desideri e sei disposto a dedicarci il giusto tempo.

Infatti non è così facile e veloce come molti vorrebbero farti credere, ma con la giusta dose di impegno e tempo trascorso davanti ai grafici, anche tu puoi imparare questa abilità, esattamente come hai imparato qualsiasi altra cosa.

Lo schema di apprendimento è sempre lo stesso.

Faccio un parallelo con il classico esempio dell'imparare a guidare.

Quando sei bambino non sai guidare ma non te ne curi nem-

meno. Sei nella fase in cui **NON SAI DI NON SAPERE** e non ti importa nemmeno.
Nel trading equivale a quando magari senti le notizie di borsa al telegiornale ma per te è ancora un mondo distante e più di tanto non ci badi...

Poi cresci e ti avvicini all'età in cui puoi prendere la patente. D'un tratto entri nella fase in cui **SAI DI NON SAPERE** ed inizi a essere curioso e a informarti.

Questo equivale al momento in cui inizi a dare un'occhiata ai giornali finanziari e cerchi di capirci qualche cosa.

Continuando il parallelo, arriva il momento in cui vai alla scuola guida e ti fai affiancare da un mentore (che sa guidare) e che insegna anche a te come fare.

Tuttavia subito dopo aver preso la patente sei piuttosto impacciato. Devi pensare consciamente a ogni singolo movimento prima di farlo e questo richiede tempo ed energia. Sei nella fase in cui **SAI DI SAPERE**. Sei capace di guidare ma questa abilità non è ancora passata a livello inconscio.

La stessa cosa avviene nel trading. Ti fai affiancare da un mentore che ti insegna come fare trading online.
Una volta finito l'affiancamento sei in grado di lavorare in Borsa esattamente come un neopatentato è in grado di andare da solo in automobile.

Questa è una fase piuttosto critica dell'apprendimento. Se smetti di allenare l'abilità appena appresa torni inevitabilmente alla fase in cui sai di non sapere.

Se invece continui ad allenarti arrivi alla fase in cui **NON SAI DI SAPERE**. È il momento in cui hai acquisito sicurezza e ora non devi più pensare razionalmente a cosa devi fare. Lo fai e basta. L'abilità di guidare è passata a livello inconscio e scopri di essere in grado di pensare ad altro anche mentre stai guidando.

Vale lo stesso per il trading. All'inizio è normale essere lenti e impacciati. Di alcuni movimenti del mercato te ne accorgerai troppo tardi, altri ti passeranno inosservati semplicemente perché ti stai concentrando su altri pattern.

Ma col tempo, e a forza di ripetere le stesse operazioni, queste passeranno a livello inconscio. Come ogni bravo trader che si rispetti, inizierai a intuire i pattern ancora prima che si siano completamente formati. Saprai già dove entrare, con che capitale e dove posizionare lo stop loss ancora prima che si verifichino tutte le condizioni. Poi, se il grafico evolverà come previsto, effettuerai l'operazione. Altrimenti tornerai a osservare l'evoluzione dei grafici.

Ma per arrivare a questo livello di maestria non esistono scorciatoie.

È solo la ripetizione costante e disciplinata di determinate azioni e strategie che ti porterà nel tempo a diventare un trader vincente.

Quanto tempo ci vuole è soggettivo perché dipende dal tuo mindset e dalle tue conoscenze iniziali.

Ho studenti che finito il master di trading sono diventati

profittevoli nel giro di un paio di mesi, per altri ci è voluto più tempo, altri ancora invece hanno scoperto di non essere adatti a questo tipo di lavoro.

Quello che so di certo, è che se vuoi diventare un trader professionista, la strada che ti ho delineato è quella più sicura e veloce possibile.

6. **Un trader vincente ha una strategia e la segue alla lettera.**

Ti ho già parlato dell'importanza di avere una strategia di trading e in questo paragrafo voglio soffermarmi sul perché.

Immagina di essere davanti al monitor a osservare i grafici senza aver studiato e senza avere una strategia.

Ogni volta che fai un'operazione stai per forza di cose improvvisando, stai seguendo una tua intuizione, in altre parole ci stai mettendo del tuo.

Ma ogni volta che tu ci metti del tuo senza aver studiato ed esserti preparato prima, sei coinvolto emotivamente in maniera negativa perché se l'operazione va male...

... La colpa è tua.

Per questo motivo è importante avere una strategia da seguire alla lettera.

Con una strategia di trading decisa a priori, tu hai comunque la responsabilità di mantenere il controllo delle tue emozioni e di seguirla alla lettera...

Ma inconsciamente sai che se qualcosa non dovesse funzionare non sei tu che non vai bene, è la strategia che va rivista.

La strategia diventa come una sorta di marchingegno, un processo dentro al quale vengono buttati degli Input, e dall'azione combinata del mercato e della strategia adottata ne usciranno degli Output.

Se la strategia funziona, e tu sei stato in grado di applicarla correttamente, a fine giornata l'output atteso è un guadagno sul tuo conto di trading.

Applicare una strategia è quindi un ottimo stratagemma per togliere gran parte dell'emotività dal tuo trading.

Una buona strategia ti consente di agire nel mercato anziché reagire agli eventi e agli imprevisti del mercato stesso.

Per come la intendo io una strategia ha sempre dei margini di interpretazione. Per esempio al formarsi di una figura grafica posso decidere di entrare più o meno pesantemente, o di non entrare affatto, a seconda del profilo volumetrico presente.

Tuttavia i margini di interpretazione devono essere appunto solo margini. E soprattutto ci devono essere dei paletti fissi e irremovibili che servono a preservare il tuo capitale.

Nel capitolo 6 ti spiegherò qual è la mia macro strategia

operativa, alla quale poi combino le strategie relative ai pattern grafici e ai volumi, che spiego nei video corsi "La Marsigliese" e "Volume Profile".

Per ora ti basta sapere questo e infine che...

7. Un trader diventa vincente per abitudine.

Una persona è tale grazie alla somma delle azioni che fa in continuazione, per questo, devi fare in modo di allenare tutte le caratteristiche che ti ho descritto finora tramite delle azioni abituali.

Come ti ho anticipato, infatti, tutte queste qualità non necessariamente devono essere innate, ma è possibile allenarle esattamente come fossero un muscolo.

All'inizio il muscolo potrebbe essere un po' atrofizzato e farai molta fatica. Dovrai usare tutta la tua forza di volontà per costringerti a fare qualcosa a cui non sei abituato.

Poi a poco a poco scoprirai che ci vorrà sempre meno forza di volontà, e quello che prima ti costava fatica adesso sta diventando una cosa naturale.

Quello che succede è che stai sviluppando una buona abitudine.

Tutte le persone di successo si sono impegnate a coltivare buone abitudini e a correggere quelle cattive nel corso della propria vita.

Questo perché, come avrai già capito, con la sola forza di volontà non si va da nessuna parte.

Come disse Aristotele "Noi siamo ciò che facciamo ripetutamente".

Pertanto se vuoi diventare un trader di successo devi replicare gli atteggiamenti e le azioni dei trader di successo e modificare o eliminare tutti gli atteggiamenti e i comportamenti che ti allontanano dall'obiettivo.

Per esempio, mi ricordo un mio allievo che aveva il pessimo vizio di bestemmiare e battere i pugni sul tavolo quando sbagliava un trade.

Questo suo comportamento palesava il suo pessimo controllo delle emozioni. Non serve che ti dica che questa persona era sistematicamente in perdita.

Siccome il suo comportamento oltre a danneggiarlo infastidiva parecchio me e gli altri ospiti abituali della sala, sono intervenuto. L'ho ripreso più volte e mi sono visto costretto a minacciare di non accettarlo più in sala se avesse continuato a comportarsi così.

Ricordo che all'inizio per lui non è stato facile e al posto di sbattere i pugni sul tavolo, quando proprio non ce la faceva più, si alzava e usciva a prendere una boccata d'aria.

Questo lo calmava e, guarda caso, col tempo ne ha giovato anche il suo trading.

Qualsiasi abitudine di comportamento tu voglia creare puoi

farlo ripetendo quel comportamento tutto il tempo necessario per farlo diventare un comportamento inconscio.

La strada più facile per correggere invece un'abitudine negativa è quella di sostituirla con un'abitudine più utile ai tuoi scopi.

Quanto tempo ci vuole?

Qualcuno sostiene che bastino 3 settimane, altri che ci vogliono 90 giorni.
In realtà poco importa perché se veramente vuoi creare un'abitudine continuerai ben oltre i 90 giorni.

Quindi, riepilogando...

Se vuoi diventare un trader vincente allena dei comportamenti che ti portino verso quella direzione.

Il mio consiglio è di partire con un comportamento alla volta in modo da non disperdere le tue energie. Inizia ad allenare il successivo solo quando il primo è diventato naturale e non richiede più la tua forza di volontà per attuarlo.

3.2 – Tre consigli e 7 regole per il trader novizio

Come hai potuto leggere nei capitoli precedenti le mie prime operazioni di trading le ho fatte nel 1982. All'epoca si faceva un trading Multi Day quasi per forza di cose visto che era necessario recarsi in banca per ogni operazione. Qualcuno usava il telefono per piazzare gli ordini, io mi servivo di mio fratello che lavorava in banca, ma nonostante i vari stratagemmi adottati per agevolare l'acquisto e la vendita dei titoli, era un'operatività molto lenta.

D'altro canto anche lo scambio di informazioni era molto lento. Internet in Italia ancora non esisteva e anche il televideo – che a pensarci adesso sembra preistoria – sarebbe arrivato solo due anni dopo, senza tuttavia modificare l'operatività dei trader.

Il più grosso cambiamento avvenne quando i vari istituti bancari diedero la possibilità a noi piccoli trader retail di operare in Borsa direttamente dal computer di casa.

Ricordo che all'inizio dovevo aspettare 25 secondi da quando inserivo un'operazione a quando questa veniva accettata ed eseguita.

Col passare del tempo migliorò la velocità di connessione, si abbassarono i tempi tecnici per effettuare le operazioni e si abbassarono anche i costi per eseguito.

Questo mi permise di assecondare la mia naturale propensione a tenere le operazioni aperte il minore tempo possibile. Ho sempre pensato, infatti, che meno tempo avessi tenuto le operazioni aperte e meno sarebbe stato il rischio che avrei corso.

Nel giro di qualche anno quindi la mia operatività cambiò radicalmente e passai dall'effettuare poche operazioni alla settimana, al fare fino a 2.000 operazioni in una singola sessione di trading.

Facevo quelle che in gergo vengono definite operazioni di scalping, aprendo e chiudendo le posizioni nel giro di pochi minuti con lo scopo di guadagnare pochi tick da ogni singola operazione ma allo stesso tempo rischiare di perdere ancora meno.

In quel periodo conobbi altri trader con cui mi confrontai e con cui condivisi le gioie e i dolori di una professione nuova un po' per tutti.

Quando aprii la sala trading ci trovavamo spesso a lavorare insieme. All'epoca eravamo in tre. Massimo, Andrea e io.

Massimo l'avevamo soprannominato "il cecchino" perché non sbagliava mai un colpo. Ti racconto un aneddoto che riguarda entrambi perché mi porta dritto dritto al primo consiglio che voglio darti.

Un giorno eravamo tutti e tre nella sala trading a Cavarzere. Ognuno operava in completa autonomia sul proprio conto, ma Massimo e io eravamo praticamente fianco a fianco.

Adesso, dopo tanti anni di esperienza, riesco a guardare i grafici e gestire delle operazioni anche mentre sto facendo altro. Per esempio mi capita spesso di iniziare delle dirette Facebook mentre sto ancora gestendo delle operazioni durante l'asta di chiusura.

All'epoca, invece, mi concentravo a tal punto da entrare in una sorta di trance agonistica nella quale ero completamente isolato. Non sentivo e non vedevo nulla se non i grafici che si muovevano e il flusso ininterrotto dei miei pensieri che ragionavano sulle mosse successive. In quei frangenti mi dimenticavo persino di essere in sala con altre persone.

Nel giorno di questo aneddoto notai qualcosa di strano nel mercato.
Guardando il book mi accorsi che ogni volta che inserivo un'operazione c'era qualcuno che la replicava pari pari. A dire il vero non proprio tutte ma la stragrande maggioranza delle mie operazioni venivano replicate da qualcun altro.

Non capivo come fosse possibile questa cosa.

Questa strana situazione andò avanti quasi tutto il giorno, fino a quando in un frangente in cui ero uscito dal mio mondo, mi accorsi che Massimo se la rideva sotto i baffi.

Allora intuii cosa stava succedendo.

– *Scusa Paolo* – mi disse Massimo ridendo.

– *È tutto il giorno che sto cercando di copiare quello che fai tu per imparare il tuo metodo ma proprio non ce la faccio. Fai troppe operazioni per i miei gusti.*

In effetti avevamo stili di trading molto diversi visto che io mediamente facevo 1200 operazioni al giorno mentre Massimo ne faceva più o meno 300.

Eppure, anche se con stili molto diversi eravamo entrambi profittevoli tutti i giorni. Da questo aneddoto ecco il primo consiglio che voglio darti:

Consiglio n. 1: Adatta il trading alla tua pelle

Non tutti siamo fatti allo stesso modo e ognuno di noi deve cercare di adattare il proprio stile di trading alle proprie caratteristiche personali.

A causa della malattia ai reni che mi ha accompagnato fino ai 14 anni, io sono stato abituato a stare a letto o seduto tutto il giorno. Per me non è un peso. In una giornata mi alzo dalla sedia sì e no un paio di volte per andare in bagno.

Ma il fatto che io lavori così, non significa che sia l'unico modo.

Alcuni miei studenti hanno bisogno di staccare e prendere una boccata d'aria ogni ora perché altrimenti gli fuma la testa.

Va bene così.

Io stesso negli anni ho ridotto il numero di operazioni e mi concedo più pause. Tanto il metodo e le tecniche che insegno funzionano comunque, sia che tu faccia pochissime operazioni ogni giorno, sia che tu ne faccia centinaia.

Tra i miei studenti profittevoli c'è chi lavora tutto il giorno, c'è chi lavora solo mezza giornata e c'è chi stacca tutto e se ne va al mare appena ha raggiunto il suo obiettivo di guadagno giornaliero.

Il bello del trading è anche questo. È l'unico mestiere che ti lascia tutta questa libertà.

Non abbatterti quindi se hai oggettivamente poche ore di tempo, perché magari hai un'azienda da mandare avanti o stai facendo un altro lavoro.

Puoi decidere serenamente il tempo che vuoi dedicare al trading ed essere comunque profittevole tutti i giorni.

Questo però a patto che tu ti prenda il tempo necessario per studiare e imparare.

Non mi stancherò mai di ripeterlo. Il trading non è un lavoro che si impara dall'oggi al domani. Come minimo ci vogliono dei mesi e spesso ci vogliono degli anni.

Durante la fase di apprendimento le prime operazioni che faccio fare ai miei allievi sono rigorosamente con un conto demo.

Quando hanno dimostrato di essere profittevoli per almeno un paio di mesi in demo, vuol dire che hanno imparato le basi e sono pronti per passare in reale.

Ma la strada per diventare un trader professionista è ancora lunga.
Ovviamente tutti hanno ancora molto da imparare dal punto di vista tecnico ma non è più questo il vero ostacolo.

Quello che in demo non hanno potuto simulare è la gestione emotiva del trade.
Con un po' di pratica in demo tutti diventano bravi.

Ma quando c'è in ballo del denaro reale le cose cambiano.

Per esempio Biagio, nella testimonianza integrale alla fine del libro ci racconta che in demo guadagnava tutti i giorni dai 200 ai 1000 €, usando lo stesso capitale che avrebbe poi gestito in reale.

Le premesse erano quindi molto buone.

Peccato che poi, nel momento in cui passò in reale, fece fatica a non perdere. Biagio ha capito che era un aspetto puramente psicologico. Infatti era solito registrare le proprie operazioni e, guardandole a mente fredda, si rese conto che in reale non faceva le stesse cose che faceva in demo.

L'emozione di usare denaro vero lo stava tradendo e danneggiando.
Ci ha lavorato e alla fine si è sbloccato, diventando un trader profittevole ancora prima di terminare il master con me.

Purtroppo c'è anche chi, nel passare in reale non segue i miei consigli sulla gestione del proprio capitale, in una singola sessione perde più di quanto dovrebbe, ed entra in una spirale psicologica negativa dalla quale è difficile risalire.

Il secondo consiglio che ti voglio dare serve proprio a evitare che ti capiti questa situazione.

Consiglio n. 2: Se un trade ti emoziona troppo fermati

Come ti ho già detto un bravo trader sa gestire il proprio stato d'animo. Quello però è un punto di arrivo. All'inizio è normale essere un po' emozionati quando si effettuano le operazioni in reale.

Se l'emozione è troppo intensa però non va bene perché offusca la tua razionalità, cosa indispensabile nel trading.

Se stai per entrare in un'operazione e senti che il cuore ti batte forte e il respiro si fa corto... Fermati subito.

Molto probabilmente la quantità di denaro che stai investendo è troppo alta per te. Abbassa la size fino al punto in cui il cuore smette di batterti forte e riparti da lì. Il potenziale profitto diminuirà ma credimi, è molto meglio così.

Col tempo acquisirai maggior sicurezza e sarai in grado anche tu di entrare nel mercato più pesantemente e guadagnare cifre maggiori.

L'unico risultato su cui ti devi concentrare all'inizio è quello di finire la giornata in positivo. Questo, oltre per l'aspetto economico, è nuovamente importante per l'aspetto psicologico. Il trading è un lavoro e come tale lo devi affrontare. Non credo che faresti un qualsiasi altro lavoro dove a fine giornata, invece di aver guadagnato ci hai perso, dico bene?

Non vedo il motivo per cui nel trading debba essere diverso.

Non puoi e non devi permetterti di chiudere delle giornate in negativo. Se chiudi due giornate di fila in perdita devi tornare in demo.

Dal momento in cui passi in reale devi essere profittevole fin da subito. Altrimenti non sei pronto. Per raggiungere questo obiettivo, a prescindere dai pattern e dalle tecniche che deciderai di usare, voglio darti delle semplici regole di gestione della tua operatività che valgono sempre e comunque.

Regola 1 – Posiziona gli Stop sufficientemente stretti: Quando ho acquistato le mie prime azioni nel lontano 1982 mi sono subito chiesto: *"Paolo, quanto sei disposto a perdere?"*.

La prima cosa su cui mi sono concentrato non è stato quanto volessi guadagnare ma quanto fossi disposto a perdere. Vedi, mia madre veniva da una famiglia contadina e ha creato un'azienda dal nulla.

Fin da piccolo mi ha insegnato l'importanza del denaro perché lei se lo era sempre guadagnato. Se non avessi avuto questa mentalità probabilmente non sarei arrivato dove sono adesso.

Pertanto, anche se non è questa la sede per spiegarti dove posizionare esattamente gli Stop, il concetto che voglio che ti rimanga è questo. Per ogni operazione devi pensare come prima cosa alla perdita massima che sei disposto a sostenere.

Dopodiché entrerai a mercato solo se l'operazione ha margini di guadagno sufficienti. Per esempio, se sei disposto a perdere 1, il guadagno dovrà essere come minimo 3 o di più.

Inoltre, come avrai già capito, per il tipo di operatività che insegno, prediligo degli Stop molto stretti con perdite per operazione che molto di rado superano i 100 €, anzi la maggior parte delle volte arrivano a malapena a 30 €.

Regola 2 – Non spostare gli Stop: ti ho già anticipato questo punto parlando di gestione dello stato d'animo ed emozioni. Alcune persone associano al fatto di prendere uno Stop delle emozioni negative. Cosa fanno quindi.

Magari entrano in un'operazione Long e posizionano lo Stop correttamente. Ma subito dopo essere entrati il mercato non va nella direzione sperata e invece si muove nella direzione dello Stop.

Pensandoci razionalmente lo Stop è lì apposta per intervenire in questa situazione. Semplicemente il mercato non ci sta dando ragione e invece di salire continua a scendere. D'altronde nessuno può azzeccare il 100% delle operazioni (tranne il mio amico cecchino che ha delle statistiche a dir poco imbarazzanti, ma lui è un caso più unico che raro).

Alcune persone proprio non accettano di avere torto. L'emozione negativa che proverebbero prendendo lo Stop è talmente forte che gli fa commettere un grosso errore, cioè quello di spostare lo Stop più in basso e aumentare le perdite.

Questo è un errore che non devi commettere. Ti sei dato a mente fredda delle regole e non puoi permetterti di cambiarle in corsa.

L'unico caso in cui puoi spostare lo Stop è quello in cui il mercato ti dà ragione e metti lo Stop a protezione dei guadagni già maturati.

Arrivato a quel punto puoi anche pensare ad altri trade perché sei al sicuro. I guadagni sanno badare da soli a sé stessi.

Regola 3 – Non prendere più di tre Stop Consecutivi: Questa regola è questione di buon senso. Se prendi tre stop consecutivi vuol dire che qualcosa non va. Magari stai applicando un pattern che non hai compreso fino in fondo. Magari quel giorno non sei nello stato d'animo migliore per fare trading.

Ci sono mille motivi per cui una persona può prendere tre stop consecutivi e quando succede la cosa migliore da fare è interrompere tutto e ripartire il giorno seguente, dopo aver analizzato a mente fredda le registrazioni dei trade andati male e compreso qual era il problema.

Regola 4 – Registra la tua operatività: Riguardare il proprio operato a mente fredda è il modo migliore per imparare velocemente dai propri errori. Riprendendo il punto precedente, metti il caso che hai preso tre stop consecutivi e a mente calda non hai capito perché. Analizzando successivamente quello che hai fatto è molto probabile che tu riesca a capirlo. E se proprio non ce la fai da solo puoi chiedere al tuo mentore dove hai sbagliato. Ma questo puoi farlo solo se, appunto, hai registrato la tua operatività.

Regola 5 – Datti degli obiettivi giornalieri: Questa regola vale in generale per tutti i lavori in proprio ma nel trading parliamo nello specifico di obiettivi di guadagno. Se vuoi diventare un trader professionista devi guadagnare.

Quanto?

Questo dipende da te. Per come la vedo io deve essere una cifra sufficientemente ambiziosa da spingerti a dare il meglio di te, e allo stesso tempo deve essere realisticamente raggiungibile con il capitale che usi per fare trading.

Una volta che hai stabilito quanto vuoi guadagnare in un anno dividi il totale per il numero di sessioni di Borsa alle quali sicuramente parteciperai e hai il tuo obiettivo minimo giornaliero. A te i calcoli.

Regola 6 – Preleva regolarmente i guadagni: Se fai trading per vivere, i guadagni sono il tuo compenso per il lavoro che hai fatto quindi è piuttosto normale – e questione di sopravvivenza – prelevare periodicamente i guadagni.
Semplicemente ti servono per vivere.

Tuttavia, anche nel momento in cui i guadagni non ti servono più realmente per vivere, è opportuno riportare il capitale con cui lavori a una cifra che hai gestito in precedenza.

Questo per due motivi. Il primo è di protezione del capitale stesso. Fintanto che i soldi sono sul conto che usi per fare trading sono suscettibili di eventuali perdite.
Il secondo motivo è che a un certo punto perdi la percezione del denaro che hai e di quanto stai guadagnando. Io prelevo i guadagni ogni settimana perché trovo molto più utile ripartire

settimanalmente da una cifra nota e vedere il conto che cresce giorno dopo giorno.

Regola 7 – Apri un conto per ogni tipo di operatività: Anche questa è una regola di buon senso che ti serve per non incasinarti nei conteggi. Nel momento in cui hai tipi diversi di operatività è bene che usi conti separati. Io per esempio ho un conto su cui faccio solo operazioni intraday, un conto per operazioni che apro e chiudo in tempi più lunghi, nell'ordine dei giorni o delle settimane, e infine ho un conto sul quale faccio dei piani di accumulo. In quest'ultimo caso non parliamo più di trading ma di veri e propri investimenti con arco temporale nell'ordine degli anni.

E se seguendo tutti questi consigli e queste regole comunque il tuo trading non gira?

Consiglio n. 3: Se proprio non funziona abbi il coraggio di cambiare strada.

Per qualcuno arriva il momento in cui capisce che il trading proprio non fa al caso suo.

Ti racconto la storia di Raffaele, un ex trader poco disciplinato.

Conosco Raffaele da parecchio tempo perché abitiamo nello stesso paese. Una sera del 2007 ci troviamo al bar e lui mi dice che vuole lasciare il suo lavoro per dedicarsi unicamente al trading.

Ancora oggi faccio fatica a comprendere quella sua decisione repentina perché Raffaele aveva un ottimo lavoro come ingegnere e guadagnava già parecchi soldi.

All'inizio pertanto gli sconsigliai con tutte le mie forze di lasciare il lavoro. Non aveva mai fatto trading a livello professionale e non ero certo che sarebbe stato in grado di farlo.

Se ti ricordi anche io ho fatto il trader a mezzo servizio per diversi anni, e ho venduto l'azienda di famiglia solo dopo 3 anni consecutivi che ero sistematicamente profittevole.

In generale io sconsiglio a tutti di lasciare un lavoro certo per una cosa incerta come il trading. È vero che si possono guadagnare tanti soldi ma nella pratica è anche vero che non tutti sono veramente in grado.

Come già ti ho spiegato non è solo questione di tecnica. Con un buon mentore quella si impara. È una questione puramente psicologica. Qualcuno con il tempo riesce ad acquisire il mindset adatto a questo lavoro. Qualcuno invece non ce la fa.

Ma torniamo a Raffaele.

Attratto dai succulenti guadagni che si potevano fare in quel periodo, Raffaele ignorò i miei consigli e si licenziò.

Mi disse *"Non ho né moglie né figli, se non rischio adesso non saprò mai se sono in grado di fare questo lavoro. Magari avrò bruciato la mia vita con l'altro lavoro e avrò il rimpianto di non averci provato".*

Non ci fu verso di dissuaderlo e intraprese questa attività. Eravamo amici e iniziò a frequentare la mia sala trading anche se non aveva mai frequentato nessun corso.

Fortunatamente Raffaele non era del tutto avventato e dedicò al trading solo una piccola parte dei suoi risparmi. Obiettivamente all'epoca era più facile di adesso. Si poteva usare una leva maggiore, e se azzeccavi le operazioni riuscivi a portare a casa un buon stipendio anche senza grossi capitali.

L'inizio dell'avventura nel mondo del trading di Raffaele fu scoppiettante.
Effettivamente guadagnava molto bene.
A Gennaio del 2009, tra i ragazzi che frequentavano sistematicamente la mia sala, Raffaele fu la persona che guadagnò più di tutti.

Però aveva un grosso e pericolosissimo difetto.

Faceva di testa sua e non seguiva uno dei princìpi fondanti del mio metodo, cioè quello di fare uso sistematico degli stop loss appena entrato a mercato.

Lo presi da parte e gli dissi:

"Raffaele, tu questo mese sei quello che ha guadagnato più di tutti. Però se non metti gli Stop rischi di azzerare i conti. Tira via tutti i profitti e mettili al sicuro. Lascia sul conto solo la cifra iniziale".

A forza di insistere mi diede retta e da quel momento iniziò a fare periodicamente questa operazione.

Il vizio di non mettere gli stop loss invece non ci fu verso di toglierglielo.

Visti i successi iniziali, Raffaele si convinse – sbagliando – di conoscere bene il mercato e continuava ad applicare il mio metodo solo parzialmente.

Raffaele aveva veramente poca disciplina perché pensava di essere più furbo del mercato, pensava di saperne più degli altri, pensava di poter guadagnare senza mettere mai gli Stop.

Ignorava completamente uno dei princìpi cardine del mio metodo, quello appunto di pensare come prima cosa a limitare le perdite e occuparsi solo successivamente dei guadagni.

C'erano dei giorni in cui Raffaele arrivava in sala trading e nel giro di un'ora aveva già guadagnato 1500 €. Non male per un'ora di lavoro.

Avrebbe potuto tranquillamente godersi il resto della giornata fuori dalla sala trading. E invece no.

Raffaele rimaneva in sala e continuava a tradare. Purtroppo non seguendo un metodo in modo disciplinato succedeva che nel resto della giornata riuscisse a perdere quasi tutto il guadagno iniziale.

Come Raffaele stesso ha raccontato in un'intervista (che puoi trovare sul mio canale YouTube), quelle sere tornava a casa pieno di frustrazione e rifletteva sugli errori commessi.

Questa è una cosa positiva perché consente di aggiustare il tiro nelle giornate seguenti.

Peccato che Raffaele nonostante ci riflettesse, non avesse allenato la sua disciplina e ricadesse sistematicamente negli stessi errori.

Un venerdì di Febbraio del 2009 Raffaele aveva in portafoglio il titolo di Eni con tutta la leva che poteva usare. Raffaele l'aveva comprata pensando che risalisse e invece prima dell'asta di chiusura stava perdendo circa 10.000 €, che corrispondevano praticamente a tutti i soldi che aveva sul conto.

Raffaele era andato overnight in leva.

Fai attenzione, questa è una cosa che sconsiglio sempre. Non sconsiglio in termini assoluti di fare operazioni overnight ma di certo non usando la leva perché ti espone a troppi rischi.

Tuttavia in quell'occasione Raffaele non aveva molto da perdere visto che praticamente aveva già bruciato il conto.

Quel week end successe una cosa del tutto inaspettata.

La domenica mattina, all'uscita della messa, vedo Raffaele che mi corre incontro e mi dice *"Paolo, hai letto cosa è successo?..."*

"Gheddafi ha fatto un accordo con ENI ed è subentrato nel capitale dell'azienda. Cosa farà secondo te ENI?"

Era una notizia bomba che avrebbe influenzato notevolmente il prezzo del titolo all'apertura del mercato di lunedì. Gli risposi che molto probabilmente il lunedì avrebbe aperto con un prezzo molto alto...

L'ho preso da parte e gli ho detto:

"Mi raccomando, se domani mattina recuperi i 10.000 € che stai perdendo su ENI, mi prometti che inizierai a stoppare le operazioni e smetterai di fare di testa tua come hai fatto fino a ora?"

Raffaele mi rispose di sì.

Il lunedì mattina come previsto ENI aprì al rialzo. Dai 10.000 € che Raffaele stava perdendo, si trovava a guadagnarne 6.000.

Quella mattina ci siamo abbracciati ed è stata una festa in sala. Io ero contento che avesse recuperato la perdita.

Nuovamente mi sono fatto promettere che avrebbe avuto più disciplina e avrebbe messo gli Stop.

Da quel momento in poi Raffaele iniziò a rischiare meno, entrando nel mercato con meno soldi per operazione, però la mancanza di disciplina era rimasta.

Non metteva in pratica ciò che continuavo a ripetergli.
Raffaele capì che questo era un suo grosso limite che lo metteva spesso in situazioni difficili da risolvere.

Le cose andarono avanti così ancora per un po' di tempo, lavorando sempre sul filo del rasoio.

Per fortuna aveva preso l'abitudine di togliere sistematicamente i guadagni e lasciare sul conto solo i 10.000 € che usava per operare.

Alla fine è stato bravo e ancora mi congratulo con lui di questa sua scelta perché si è fermato in tempo senza nemmeno bruciare il conto.

Semplicemente capì che a causa della sua mancanza di disciplina non gli sarebbe andata bene ancora a lungo e decise di fermarsi quando ancora era in positivo.

Tutto è bene quel che finisce bene.

Con la storia di Raffaele si conclude il capitolo sulla Psicologia nel trading. Credo che prima o poi Raffaele tornerà a fare trading, magari part time, e spero per lui dopo che avrà allenato parecchio la sua disciplina.

Io sono convinto fortemente che tutti possano imparare a fare trading e diventare profittevoli. A patto però di crescere anche come individui e dotarsi dell'atteggiamento mentale più utile per fare questo lavoro.

Capitolo 4

La tecnica con una percentuale di successo fino al 74%

Non insegno cose che non faccio.

Non prometto risultati che i miei studenti non hanno mai ottenuto.

Non mi riempio la bocca di teorie, se queste non sono corredate di elementi pratici.

Questo capitolo nasce appunto per questo scopo.
Darti la possibilità di mettere in pratica i concetti teorici spiegati nei capitoli precedenti e iniziare a prelevare denaro dai mercati finanziari.

Avrai finalmente modo di vedere come sfrutto nell'operatività quotidiana, i movimenti di mercato.

Quella che ti sto per presentare è una delle tante tecniche che utilizzo per intercettare i movimenti delle mani forti che permettono di guadagnare in pochi minuti decine di tick.

Una tecnica che può arrivare fino a una percentuale di successo del 74%, non può nascere senza che vengano considerati i movimenti delle mani forti.

Come capirai meglio più tardi, i pesci grossi entrano a mercato per due motivi:

- Mandare in stop i trader comuni per ripulire il book,
- Muovere momentaneamente il mercato per guadagnare con matematica certezza cifre considerevoli.

E con questa tecnica imparerai sia a evitare le trappole, ma anche ad accodarti ai movimenti delle mani forti, seguendo la loro scia di profitti, anche se non hai la piena padronanza dei volumi.

Tuttavia, chi invece ha già fatto il mio corso sul Volume Profile potrà sfruttare la tecnica traendone molto più profitto.

In primis perché potrà inserire il take profit con precisione, massimizzando i profitti per ogni singola operazione.

Il secondo motivo è che, grazie a una profonda conoscenza dei volumi, è possibile contestualizzare meglio l'operazione.

Ma comunque non ti preoccupare.
Ho deciso di inserire questa tecnica all'interno del libro perché è molto remunerativa anche per i principianti.
Stiamo comunque parlando di una tecnica con una percen-

tuale di successo del 68% e un rapporto rischio/rendimento standard di 1 a 3.

Significa che 100 €, 68 volte su 100 li trasformi in 300 €.

Ma prendiamo la calcolatrice in mano per capire quali sono le potenzialità di questa tecnica, nella sua versione base:

Ogni operazione che si conclude in profitto genera un guadagno di 300 €.

Quelle che invece prendono lo stop loss, tolgono dal portafoglio 100 €.

Analizzando quindi un campione di 100 operazioni avremo:

68 operazioni che producono un profitto unitario di 300 € —> 68 x 300 = 20.400 €

Da questa cifra vanno tolte le perdite delle restanti 32 operazioni.

32 x 100 = 3.200 €

20.400 - 3.200 = 17.200 €

A essere pignoli da questi profitti, vanno decurtati anche i costi commissionali della propria banca o Sim.

Indicativamente, una buona Banca ha un costo per operazione di 2 €.
Il netto si abbassa quindi a 17.000 €.

Prima di spiegarti nei minimi dettagli questa strategia, voglio risolvere alcune domande che potrebbero esserti venute in mente leggendo questi numeri.

Se ti sei chiesto **con quanto capitale** ci si può permettere di rischiare 100 € per singola operazione, voglio darti la risposta più onesta e profittevole possibile.

Personalmente il mio conto operativo oscilla tra i 40.000 e i 100.000.
Quando il mercato è in periodi floridi tengo sul conto 100.000 €.
Altrimenti, abbasso a 70.000 €.
Nei periodi di crisi dell'economia mondiale invece scendo fino a 40.000 €

Per ogni operazione, indipendentemente dai soldi che ho sul conto, mi prendo il rischio di 100 €.

Opero quindi con un rischio dello 0,1% se sul conto ci sono 100.000, altrimenti mi prendo qualche rischio in più, perché tanto parte del capitale è già al sicuro nel mio conto bancario.

Però voglio essere sincero. Sono in una fase della vita in cui i soldi per me non sono più di primaria importanza.

Ora, sopra ogni cosa c'è la serenità.
Operare con un rischio così irrisorio, mi permette di affrontare i mercati finanziari in assoluto relax. E questo è ciò che deside-

ro in questa fase della mia vita.

Comprendo però che molto probabilmente tu sei disposto a prenderti dei rischi superiori.

Mi sono accorto che, mettendo a rischio per ogni singola operazione meno dello 0,5% del proprio capitale operativo, permette ai trader di commettere pochissimi errori psicologici.

Quindi il minimo indispensabile che mi sento di consigliarti è di 25.000 €

Se sei in una fase iniziale, e non vuoi dedicare a questo lavoro tale cifra, ti capisco e sono totalmente d'accordo con te. In questo caso ti basta diminuire l'importo.

Se vuoi lavorare con un capitale ridotto, i CFD permettono di eseguire operazioni con rischi economici molto bassi.
Alcuni miei studenti mettevano a rischio per ogni singola operazione 10-20 €, prima che diventassero dei trader professionisti.
Utilizzavano conti da 1.000 a 2.000 €.
Ma lo sottolineo, con queste cifre non si tira fuori uno stipendio. È solamente una palestra per arrivare a diventare un professionista che sa investire correttamente i propri soldi nei mercati finanziari.
Inoltre, credo tu sia curioso di sapere **in quanto tempo** è possibile fare 100 operazioni con questa tecnica.

Non hai tutti i torti.

Guadagnare 17.000 € in un mese è differente rispetto a guadagnarli in un anno.

Purtroppo non sono in grado di darti una risposta precisa, perché dipende.

Ti anticipo molto brevemente un concetto che approfondirò meglio nel capitolo successivo.

Prima di poter operare su uno specifico strumento finanziario, devi fare un periodo di osservazione, per comprendere tutte le sue specifiche dinamiche.

Se fai trading da molto tempo e hai la padronanza di molti strumenti finanziari, potresti eseguire 100 operazioni in 10 giorni.
Se sei all'inizio e hai studiato un solo strumento finanziario, potresti invece impiegare 1 o 2 mesi.

Dipende anche da quanto tempo dedichi a questo lavoro.

Insomma, ci sono una serie di variabili che mi impediscono di darti una risposta precisa.

Ti posso però dire che il mercato tutti i giorni fa massimi o minimi relativi e su quei livelli le mani forti si divertono sia a prendere profitti, che a creare trappole per i retailer.

Ma ora passiamo al succo del capitolo.

Thunder Bar: La tecnica studiata per trarre profitto dai brevi periodi di forte movimento monodirezionale.

Come hai avuto modo di leggere in questo libro, sono un uomo molto attento al denaro.

Non mi piace buttare via soldi inutilmente.

Non lo faccio nella vita, e non lo faccio neanche nel mio lavoro.

È per questo motivo che tutte le mie tecniche sono sviluppate con lo scopo di mettere a rischio meno capitale possibile.

Non a caso, la prima cosa che dico sempre ai miei corsisti è: "Oggi vi insegnerò a perdere il meno possibile".
La tecnica che imparerai in questo capitolo permette di operare con uno stop loss standard di soli 5 tick, eccetto per il Dax che invece necessita di uno stop di 5 punti.

L'obiettivo minimo sono 15 tick, ma ti consiglio di lasciar andare la posizione se il mercato ti dimostra che sei entrato all'inizio di un'inversione.

Ti ricordo nuovamente che per il Dax, con questa tecnica si ragiona in punti, quindi l'obiettivo minimo è appunto di 15 punti.

Visto che il rapporto rischio/rendimento è spesso molto goloso, è possibile entrare a mercato anche una seconda volta sullo stesso livello, nel caso in cui la prima volta le mani forti facessero un ulteriore tranello.

Non capita spesso, ma quando capita, è possibile correggere il tiro.

Questo pattern grafico, l'ho soprannominato Thunder Bar perché in inglese Thunder significa tuono e la strategia sfrutta a proprio vantaggio i tuoni dei mercati.
Ovvero quei brevi periodi di forte movimento monodirezionale.

È una tecnica che apprezzo particolarmente in quanto permette di prendere ottimi profitti, nonostante sia necessario stare a mercato per pochi minuti.

Entri a mercato e Boom. Il prezzo parte.

Ma attenzione, perché se la forza non si esaurisce in pochi minuti, gestendo il trade puoi continuare a stare a mercato e prendere tutto il movimento direzionale della giornata.

Perché auto limitare i guadagni?

La tecnica è molto semplice, ma ti mostro un supporto grafico perché voglio assicurarmi che comprendi ogni particolare.

Questa strategia, avendo lo scopo di trarre importanti profitti dai forti movimenti di mercato, funziona molto bene su **timeframe bassi**.

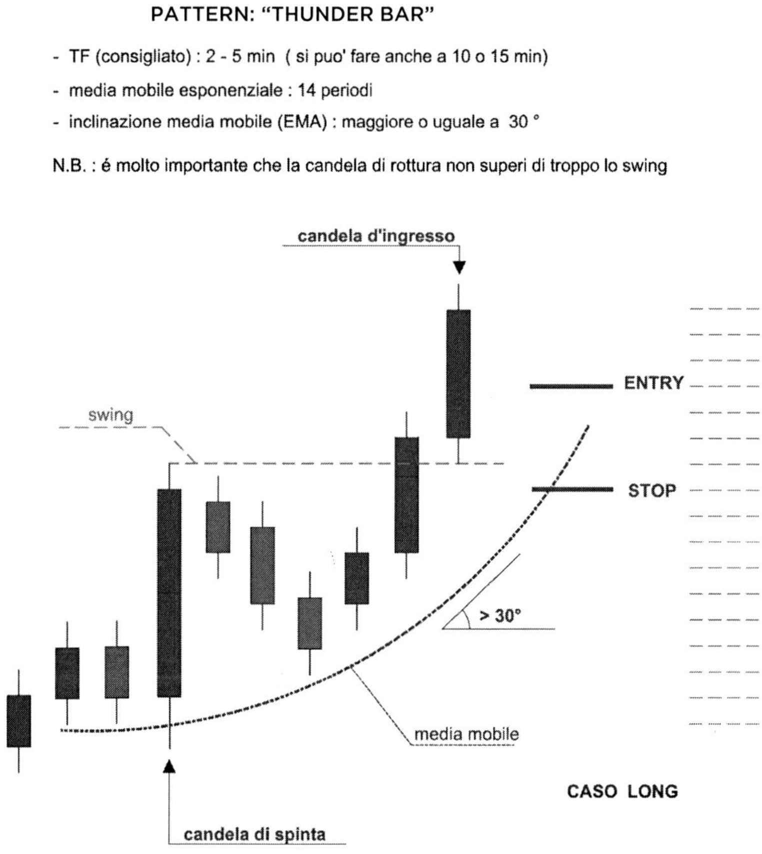

2 e 5 minuti sono i miei preferiti. Anche a 10 minuti o 15 va bene, ciò nonostante perderesti molte opportunità ghiotte.

Il mercato deve essere **poco volatile**, altrimenti si rischia di prendere lo stop loss nonostante l'intuizione sia corretta.

Il grafico che vedi sopra, riprende didatticamente un esempio dell'esecuzione di un'operazione Long.

In questa prima fase quindi mi concentrerò sugli ingressi long.

Immagino tu abbia già notato che è un grafico molto pulito e ordinato. Sono infatti le candele a fornire il 90% delle informazioni utili.

Tutto il resto, (eccetto i volumi) sono contorni.

Per questa strategia è necessaria solamente una media mobile esponenziale a 14 periodi, che farà da supporto. Serve per verificare che il mercato sia fisiologicamente proiettato in una specifica direzione.

Infatti, se la media mobile esponenziale è proiettata verso l'alto e ha un raggio di inclinazione superiore ai 30° si presuppone che il mercato sia ancora forte e fisiologicamente vuole proseguire Long.

Questa è una tecnica che spesso utilizzo per incrementare le posizioni su un titolo che dà forti segnali di trend, oppure per entrare a mercato quando mi perdo il massimo o minimo di giornata.

Le candele parlano e basta saperle interpretare per capire quali sono i futuri movimenti fisiologici del mercato.

In questa tecnica, il principale indizio lo fornisce una Long Candle, ovvero una candela formata da un corpo verde molto pronunciato e delle ombre molto ridotte.

Queste candele indicano forza e forte momentum.

Il mercato ha parlato e dichiarato apertamente di voler proseguire il suo percorso verso l'alto.

A questo punto entrano in campo le mani forti che rallentano momentaneamente il mercato con un piccolo ritracciamento, che non deve abbassare la percentuale di inclinazione della media mobile esponenziale a i 14 periodi.

Oppure creano una lunga congestione, ovvero dei movimenti del mercato che vengono trattenuti all'interno di range di prezzo molto ristretti, come nell'immagine che vedi qui sotto.

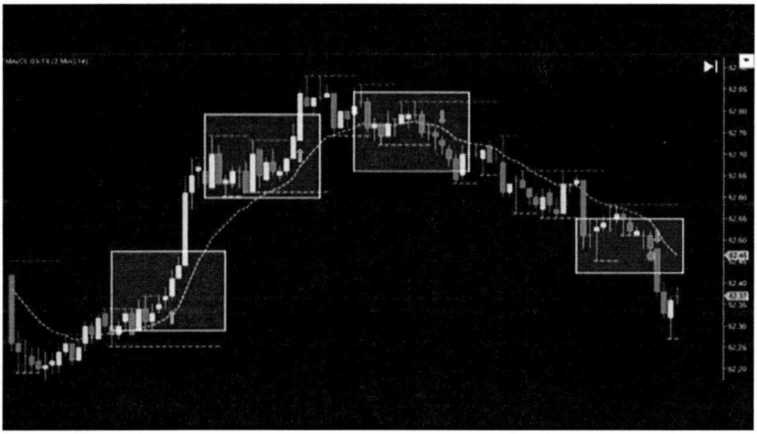

Entrambi i movimenti servono per accumulare contratti per poi fare una nuova sparata come un tuono verso l'alto.

I retailer in questi momenti perdono un sacco di soldi perché abboccano ai continui falsi segnali delle mani forti.

Finché non si dichiarano apertamente, io personalmente non entro a mercato.

La mia metodologia è basata sul seguire come un'ombra le mani forti.

Non ho la supponenza di prevedere i movimenti.

Semplicemente mi accodo alla loro scia.

Una volta fatte le dovute accumulazioni, i manipolatori del mercato romperanno il massimo della Long Candle, ovvero la barra che indica momentum.

Le mani forti hanno fatto una chiara dichiarazione di intenti. Ma attenzione, la trappola è ancora dietro l'angolo.

Se la candela successiva a quella di rottura scende e ritorna nella fase di congestione, l'operazione è rimandata a qualche candela successiva.

Altrimenti, se il prezzo di questa nuova candela supera di un tick quella precedente, si entra a mercato posizionandosi Long.

Lo stop va immediatamente posizionato sotto la barra in formazione.

Se questo supera i 5 tick, l'operazione va annullata. Ti stai prendendo un rischio che non permette di raggiungere un rapporto rischio rendimento ottimale.

Ti sconsiglio di entrare a mercato anche quando la candela di rottura fa una grande escursione verso l'alto.

Entrare a mercato con la candela successiva, significherebbe aver perso un'importante fetta di movimento.

Riassumendo,
Per un'operazione Long:

- Imposta il grafico a 2 o 5 minuti,

- Attendi che il mercato ti dia un segnale di forza, con una candela sproporzionata rispetto alle altre,

- Osserva il piccolo ritracciamento o la congestione,

- Assicurati che la media mobile esponenziale a 14 periodi abbia ancora un'inclinazione di almeno 30°,

- Attendi che la candela rompa il massimo della candela di momentum,

- Entra a mercato con la candela successiva, quando rompe di 1 tick il massimo della candela precedente.

- Inserisci lo stop un tick sotto al minimo della candela in formazione. Se superiore a 5 tick, sconsiglio di eseguire l'operazione.

La strategia funziona in modo speculare anche per le operazioni Short.

PATTERN: "THUNDER BAR"

- TF (consigliato) : 2 - 5 min (si puo' fare anche a 10 o 15 min)
- media mobile esponenziale : 14 periodi
- inclinazione media mobile (EMA) : maggiore o uguale a 30 °

N.B. : é molto importante che la candela di rottura non superi di troppo lo swing

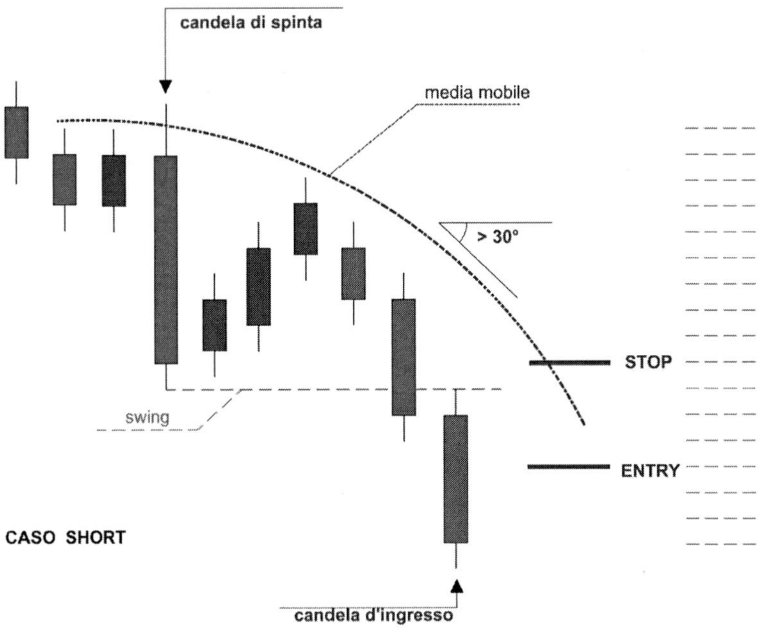

Non voglio farti perdere molto tempo nella spiegazione dell'ingresso short perché è specularmente identico a quello Long.

Ti faccio solamente il riassunto.

– Imposta il grafico a 2 o 5 minuti,

- Attendi che il mercato ti dia un segnale di debolezza, con una candela sproporzionata rispetto alle altre,

- Osserva il piccolo ritracciamento o la congestione,

- Assicurati che la media mobile esponenziale a 14 periodi abbia ancora un'inclinazione di almeno 30°,

- Attendi che la candela rompa il minimo della candela di momentum,

- Entra a mercato con la candela successiva, quando rompe di 1 tick il minimo della candela precedente.

- Inserisci lo stop 1 tick sopra al massimo della candela in formazione. Se superiore a 5 tick, sconsiglio di eseguire l'operazione.

Limitarmi a spiegarti la strategia lo trovo improduttivo, perché se concludessi ora il capitolo, ti fornirei certamente qualcosa di molto potente e che puoi utilizzare istantaneamente.

Ma so che prima o poi potresti avere qualche dubbio...

Perchè in effetti ti manca ancora un pezzo.

La logica di mercato che segue la Thunder Bar.

Per quanto mi riguarda, una strategia che non segue l'ombra delle mani forti non è supportata da una base solida.

La Thunder Bar non fa eccezione a questo mio pensiero. È nata infatti osservando innumerevoli volte le lotte delle mani forti.

Ho notato che a causa loro, 6 o 7 volte su 10, le rotture sui massimi e minimi nelle fasi di swing sono false.

Perché lo scopo delle mani forti è in primis quello di mandare in stop tutti gli operatori che sono posizionati a mercato.

Una volta eseguite diverse finte, il mercato risulterà scarico di volumi e loro, con uno schiocco di dita saranno liberi di manovrare il mercato e finalmente andare nella direzione prestabilita con una velocità dirompente.

Ecco perché la tecnica suggerisce di posizionarsi alla conferma della rottura del trading range.

La Thunder Bar funziona molto bene quando le mani forti creano le condizioni per guadagnare dai punti in cui ci sono dei vuoti volumetrici o aree vergini.

Quindi può dare il meglio della sua esplosività su nuovi massimi e minimi di mercato o in aree in cui il mercato non ha scambiato molto.

Al contrario, se ci sono molte aree di trading range, la Thunder Bar non può essere esplosiva perché in quelle zone ci sono diversi scambi che appunto bloccano l'esplosività.

Un altro consiglio...

Nella spiegazione della strategia ti ho detto che è necessario entrare a mercato con la candela successiva a quella della rottura del breakout.

Didatticamente è corretto. Ma è sempre necessario ragionare.

Le mani forti non aspettano con l'orologio in mano la scadenza di una candela.
Quando creano Momentum, potrebbe essere in qualunque istante.
E devi essere pronto a seguire l'operazione che sta eseguendo la mano forte, anche se non è all'apertura della candela.
Per avere il polso della situazione e poter controllare al meglio i movimenti delle mani forti, molti miei studenti infatti usano questa tecnica anche a timeframe di due minuti. O addirittura inferiori.

Ma ora voglio suggerirti alcuni spunti circa questa strategia.

I mercati più adatti per operare efficacemente con questa strategia.

Questa è una delle poche strategie che mi permette di operare con successo sui mercati con i book abbastanza leggeri.

Nel momento di presentazione della strategia, ti ho spiegato che ho soprannominato la tecnica Thunder Bar perché sfrutta i "tuoni" di mercato, ovvero le lunghe e veloci cavalcate.

Questa è una caratteristica molto importante.
E i mercati con i book poco carichi di contratti, sono più pro-

pensi a fare questo tipo di movimenti.

Quando devo operare su mercati più volatili uso questa tecnica.

Gli strumenti che concedono più soddisfazioni con questo pattern sono ad esempio:

- euro dollaro (EUR/USD)
- sterlina dollaro, (GBP/USD)
- gold,
- Dow Jones,
- Nasdaq,
- Dax,
- E tutti gli strumenti con Book abbastanza leggeri...

Questi sono appunto strumenti che fanno movimenti molto pronunciati e tu ora sai come sfruttarli a tuo vantaggio.

Mentre invece strumenti con un book pesante, come a esempio lo Stoxx sono più adatti per le strategie e gli approcci che vedremo nei capitoli successivi.

Un'ultima raccomandazione che mi sento in dovere di farti su questa strategia, riguarda la gestione dello stop loss e del take

profit.

Come gestire le operazioni per massimizzare i profitti e minimizzare le perdite.

Nell'introduzione ti ho detto che, senza un approfondimento dei volumi, questa strategia ha una percentuale di successo di circa il 68%.

Ti ho anche mostrato che eseguendo 100 operazioni con un rischio di 100 € per ogni trade, il profitto è di 17.000 €.

Se sei una persona metodica o ti stai affacciando per la prima volta a questo mondo, ti consiglio di attenerti alla gestione standard della strategia.

- Entri a mercato,
- Imposti lo stop loss di 5 tick,
- Imposti il take profit a 15 tick di distanza dal punto di ingresso.

Però, una volta presa dimestichezza con il mercato, ti consiglio di lanciarti nella gestione delle operazioni. I profitti che puoi ottenere sono di gran lunga superiori.

Come sempre, la prima cosa che faccio è quella di cercare di portare il rischio a 0.

Inserisco infatti lo stop in pari appena sono in guadagno di

5 punti.
Io metto lo stop a + 1 perché voglio che l'operazione mi ripaghi almeno dei costi di commissione.

Quando sono in guadagno di 9 punti invece, metto lo stop a +5 assicurandomi il profitto.

Da questo punto in poi, io personalmente non tocco il take profit, perché lo posiziono a inizio operazione tenendo conto della situazione volumetrica del mercato.

Posiziono quindi il take profit in punti strategici dove so che oltre, molto probabilmente, il mercato farà movimenti inaspettati che potrebbero minare seriamente dei profitti che sono già certi.

Se però tu non hai mai frequentato il mio corso sul volume profile, ti consiglio di spostare il take profit sempre più in alto, finché il mercato inizia a dare i primi segni di perdita di forza.

Lo stop loss ti consiglio di mantenerlo sempre a 5 tick di distanza dal take profit.

Quindi ogni volta che sposterai in alto il take profit, dovrai spostare anche lo stop loss.

Con la gestione delle operazioni, azzererai il rischio di molti trade che ti avrebbero portato una perdita.

Ma non solo.

Perché potrai eseguire operazioni con un rapporto rischio rendimento, che può superare di molto lo standard 1 a 3.

Ci saranno anche alcune operazioni che ti prenderanno lo stop a zero, prima di ripartire e toccare il take profit.

Ma ti accorgerai di 2 cose:

1. Opererai con maggiore spensieratezza e senza ansie,

2. Il tuo conto sarà molto più gonfio rispetto a uno gestito in modo standard.

Questa tecnica è molto profittevole.
Può esserlo molto di più gestendo ogni singolo trade.

E il massimo del profitto si può ottenere contestualizzando gli ingressi e le uscite con i volumi.

Tuttavia non voglio far passare un messaggio fuorviante.

Non si diventa trader professionisti conoscendo una sola tecnica.

Ho deciso di inserire questa tecnica per farti notare la bontà dei miei metodi operativi e per farti toccare con mano che non insegno ciò che ho letto da qualche altra parte, bensì che spiego pattern proprietari che ho testato e migliorato negli anni, operando con denaro reale.
Questo è il lavoro più difficile, ma anche il più bello del mon-

do.
Sarei un falso se ti dicessi che con questa singola tecnica puoi diventare un trader che guadagna dai mercati finanziari tutti i giorni.

Non esistono trader professionisti che usano una sola tecnica.
Esistono invece trader professionisti che adoperano un solo metodo, che comprende diverse tecniche.

Quindi sappi che utilizzando questa tecnica potrai muovere i primi passi sui mercati finanziari e ottenere profitti.

Ma con una sola tecnica a disposizione potresti incappare in fasi di mercato che non sai come gestire.

Dal prossimo capitolo in poi ti mostrerò per filo e per segno l'approccio corretto per diventare nel minor tempo possibile un trader che guadagna quotidianamente dai mercati finanziari.

Capitolo 5

Da zero a trader professionista

5.1 – Il trading è veramente per pochi?

Se il capitolo sulla psicologia non ti ha fatto paura e pensi di poter reggere le pressioni del mercato, allora ti faccio i miei complimenti.

Sei sulla buona strada e se questo mondo non ti spaventa, allora devo confermarti che...

Il trading è per quei pochi che hanno la testa sulle spalle.

Per coloro che, se stanno perdendo, chiudono la posizione.

E al contrario, se sono in guadagno, lasciano correre la posizione il più possibile.

Se riesci a mantenere la lucidità e padroneggi tecniche efficaci, hai tutto quello che ti serve.

La cultura degli investitori ha portato i non addetti ai lavori a pensare che per fare trading serva un conto da 20-40-100 mila euro.

É un concetto che è stato completamente travisato e le persone che non sono immerse in questo mondo tutti i giorni hanno capito che se non hai a disposizione quei soldi, non puoi iniziare a fare trading.

Sbagliato.

Ho decine di casi di ragazzi che sono partiti con 1000-2000 € e oggi portano a casa, ogni mese, uno stipendio molto superiore alla media.

Se sei arrivato fino a qui ci tengo particolarmente a farti accendere la miccia e darti la possibilità di far esplodere il tuo conto corrente grazie ai mercati finanziari.

Nelle prossime pagine quindi ti darò quello che io personalmente reputo il percorso più corretto per diventare un trader professionista.

E credimi, all'inizio del tuo percorso, mettere a disposizione ingenti capitali è la cosa in assoluto più sbagliata da fare.

Un trader professionista che:

- ha studiato per centinaia di ore i mercati finanziari...
- possiede una profonda conoscenza dei movimenti dei mercati...

– sa riconoscere le mani forti e sa sfruttare i loro ingressi per trarne profitto...

– è capace di reggere le pressioni psicologiche...

... ha tutte le capacità per poter vivere di trading. Per lui sarà necessario disporre di un capitale adeguato, quindi superiore ai 25.000 €.

Personalmente, il mio conto di trading operativo, destinato solo ed esclusivamente all'operatività quotidiana intraday è di 70.000 €.

Ogni venerdì prelevo i profitti per ripartire il lunedì con un conto nuovamente a 70.000 €.

Tuttavia però ti ricordo che io opero sui mercati finanziari da 22 anni.

Quindi se è vero che per vivere di trading sono necessarie certe cifre, è altrettanto vero che per imparare a fare trading non sono necessarie questi importi, anzi sono altamente sconsigliati.

Dunque potresti riuscire ad arrivare alla cifra necessaria per vivere di trading, sia risparmiando mentre impari questo mestiere, e sia accumulando i guadagni ottenuti mentre impari e cerchi di capire se vuoi realmente che il trading sia il tuo lavoro.

Forse ora ti starai chiedendo quanto tempo è necessario per diventare un trader che guadagna quotidianamente dai mercati finanziari.

Credo quindi che sia arrivato il momento di farti la confessione che un vero formatore non ti direbbe mai.

Conosci i tempi di apprendimento e ti accorgerai che stai andando dannatamente bene!

Un sarto, agli inizi della sua carriera non è in grado di riconoscere immediatamente tutti i difetti di un abito.

Gli serve del tempo per allenare l'occhio a riconoscere le imperfezioni.
E gli serve ancora più tempo per individuarle nel minor tempo possibile.

Allo stesso modo, un trader novello non conosce i mercati, i pattern grafici e non ha la capacità di individuare tutti i movimenti degli istituzionali.

È quindi normale che un trader non professionista non abbia la giusta velocità d'esecuzione, non regga psicologicamente le pressioni del mercato, e non sia profittevole.

Il trading è il lavoro più bello del mondo, ma anche il più difficile.

Per imparare a fare trading in maniera professionale e ottenere costanti e quotidiani profitti sui mercati finanziari, è fisiologicamente necessario del tempo.

Per la mia esperienza, reputo che un trader si possa definire professionista dopo circa 1,5 / 2 anni di attività sui mercati finanziari.

Ovviamente ci sono delle eccezioni, come ad esempio Roberto, un mio studente atipico che è riuscito a guadagnare ottime cifre fin dal primo mese.

Puoi trovare la sua testimonianza, sul mio canale YouTube, l'ho caricata il 29 ottobre del 2018.

La sua Equity line dimostra che in soli 3 mesi è riuscito ad apprendere parte dei miei metodi, ha approfondito i suoi strumenti finanziari preferiti e il terzo mese ha eseguito 357 operazioni portando un conto da 5.000 € a 11.497 € in meno di 30 giorni.

Ma questo è un caso. È molto più facile che una persona nei primi mesi sia in perdita, per il semplice fatto che non ha il pieno controllo dei mercati.

È normale.

Anche partendo dal presupposto che tu abbia a disposizione le corrette conoscenze, e strategie realmente profittevoli, è consueto perdere soldi nella fase di apprendimento.

Per questo motivo è essenziale prendere confidenza con ogni strumento finanziario utilizzando un conto demo.

Non ti abbattere. Fa parte del processo di apprendimento.

Vedrai che dopo aver studiato approfonditamente lo strumento finanziario e aver compreso quali sono i suoi tipici movimenti, inizierai a chiudere i mesi in profitto.

Poi le settimane...

E infine, una volta che avrai imparato a leggere tutte le opportunità giornaliere che il mercato offre, sarai in grado di guadagnare **quotidianamente.**

Prima di vedere la roadmap che ti permetterà di diventare un trader professionista nel minor tempo possibile, voglio permettermi di darti un altro consiglio.

Non avere fretta.

Questo percorso di apprendimento può essere una grande occasione per capire tante cose su questo lavoro.

A esempio, se il trading è un lavoro che fa per te.

Approcciando i mercati finanziari un passo alla volta, potrai fare trading anche se hai già un'occupazione. Ti consiglio vivamente di non lasciare il tuo lavoro fino a che guadagni in modo costante almeno il doppio del tuo stipendio attuale.

Magari ora sei convinto che questo è il lavoro dei tuoi sogni, ma potresti cambiare idea in corso d'opera, senza incorrere nel rischio di lasciare una posizione che probabilmente hai conquistato negli anni.

Ho diversi corsisti che oltre al lavoro fanno trading, riuscendo a far coincidere le operazioni grazie agli alert, operando all'apertura dei mercati o la sera dopo lavoro.

Oppure, i trader che utilizzano la Marsigliese, un mio pattern grafico, sanno esattamente quando devono operare.

Gli basta dare un'occhiata all'orologio per controllare se ci sono le condizioni di ingresso.

Ma di questo pattern grafico, te ne parlerò più tardi.

Durante questo periodo di apprendimento avrai anche modo di accumulare il denaro necessario per trasformare questa attività in un lavoro.

Inoltre, come ho già specificato più volte, essere un trader profittevole per me significa guadagnare quotidianamente e in modo costante dai mercati finanziari.

Nel mezzo, tra il non aver mai aperto una piattaforma di trading ed essere un trader professionista che guadagna tutti i giorni, ci sono una serie di sfumature.

All'inizio guadagnerai a mesi alterni.

Poi guadagnerai a settimane alterne, riuscendo così a portare a casa piccoli profitti ogni mese.

Poi otterrai costanti e piccoli profitti settimanali, che ti permetteranno di portare a casa un piccolo stipendio.

E infine raggiungerai l'obiettivo di guadagnare quotidianamente dai mercati finanziari.

Ora è arrivato il momento di presentarti il metodo che consiglio ai miei corsisti più avanzati per ridurre i tempi di apprendimento e quindi per raggiungere il proprio obiettivo nel minor tempo possibile.

Vediamolo assieme.

5.2 – La tua Roadmap

Minimizza i tempi di apprendimento e le perdite per diventare un trader professionista nel minor tempo possibile.

Se credi di essere arrivato a quel punto della vita in cui reputi necessario iniziare a far lavorare i soldi...

Se vuoi prenderti più tempo per te o per la tua famiglia...

Se sei stufo di avere a che fare ogni giorno con clienti troppo esigenti, colleghi antipatici o peggio ancora capi oppressivi...

Se vuoi libertà, in ogni sua declinazione...

Questo è il capitolo che ti permetterà di raggiungere il tuo obiettivo, qualunque esso sia, nel minor tempo possibile.

Ma prima di raggiungere il tuo obiettivo di vita ideale devi essere pronto ad alcuni sacrifici.

Sui mercati finanziari non si fa il conto senza l'oste.

Se oggi mi pago le cene al ristorante con qualche click prima di uscire mentre la mia compagna e mia figlia si preparano...

Se mi pago la giornata al mare operando disteso sul letto la mattina...

Se posso soddisfare ogni mia esigenza senza pensarci su due volte...

... È perché studio tutti i giorni i mercati finanziari.

Il mercato è molto generoso solo per chi ha l'umiltà di sedersi ogni giorno sulla sedia e studiare attentamente ciascuno strumento finanziario.

Ovviamente prima di passare del tempo a osservare i mercati finanziari, ti consiglio nuovamente di avere un mentore e che ti abbia insegnato delle metodologie e tecniche per poter operare sui mercati finanziari.

In questo modo saprai esattamente quali strumenti finanziari devi studiare, in quale time frame e quali pattern grafici ricercare.

Io posso dirti il mio personale approccio allo studio che ho fatto in prima persona e che ho consigliato anche ai miei studenti per velocizzare i tempi di apprendimento.

Partiamo quindi con la prima cosa che devi fare.

1. **Parti dagli strumenti finanziari più facili.**

Anche se te l'ho suggerito qui sopra, il primo consiglio che mi sento di darti è quello di approcciare i mercati finanziari utilizzando un conto in demo.

Dobbiamo imparare dai nostri errori anziché rimuginarci sopra, altrimenti siamo destinati a ripeterli in futuro.

Nella prima fase è importante commettere errori perché ti aiuteranno a illuminare la strada corretta che ti porterà a fare dei mercati finanziari il tuo lavoro.

Tuttavia, gli errori si possono commettere senza mettere a rischio soldi veri.

Quindi di nuovo, parti con un conto in demo!

Ora entriamo nel vivo di questo paragrafo.

Parti dagli strumenti finanziari più facili.

Quando hai imparato a guidare la macchina, sono certo che hai iniziato con un'auto lenta, possibilmente piccola e maneggevole.

Sicuramente non sei partito con una potente e indomabile Ferrari.

Lo stesso vale per i mercati finanziari.

Il primo errore che fanno tutti gli operatori di Borsa che non sono ancora riusciti a fare del trading il proprio lavoro è quello di non operare sugli strumenti finanziari facili da gestire e controllare.

Tutti sono affascinati da quei mercati pazzi che si muovono su e giù tutto il giorno, cambiando direzione più e più volte.

Sono affascinati dalle parecchie entrate a mercato che è possibile fare. Vedono gli enormi profitti che si potrebbero portare a casa tutti i giorni...

Ma non notano le perdite.

E questa frenesia di guadagnare da certi mercati finanziari li porta a perdere soldi ogni singolo mese.

Partire da strumenti finanziari difficili come a esempio il Dax è la scelta più sbagliata che una persona, non costante con i profitti, possa fare.

Guarda caso i fuffa-guru su quale strumento finanziario consigliano di operare? Il Dax ovviamente.

Sanno che alla quasi totalità dei trader novizi questo strumento fa gola e senza peli sullo stomaco sponsorizzano degli pseudo corsi per operare sul Dax.

Dopo 22 anni di carriera, rimango a debita distanza da questo strumento finanziario.

È il più pericoloso e imprevedibile. Pochi trader riescono a "dare del tu" al Dax.

Ogni tanto faccio qualche operazione, ma io sono un trader, non sono un formatore.

Io mi guadagno da vivere principalmente facendo trading.

Concorderai quindi che la prima cosa che cerco di fare è quella di minimizzare i rischi.

Su strumenti finanziari più docili e gestibili si possono fare ugualmente vagonate di soldi a un decimo del rischio.

Parti dalle azioni con buoni fondamentali.

La mia operatività è nata con le azioni e in tutta la mia carriera credo di non aver mai fatto un giorno senza essere entrato a mercato su qualche titolo azionario.

È inutile nascondere che le azioni con buoni fondamentali sono in assoluto i miei strumenti preferiti, perché mi permettono di operare con il minimo rischio.

Generalmente metto uno stop Loss di 1 o al massimo 2 tick escluso lo spread.

Sono molto facili da controllare, in quanto estremamente docili e quasi sempre prive di movimenti repentini e inaspettati.

Ovviamente anche questi strumenti finanziari non sono immuni da notizie economiche importanti e quindi è del tutto comprensibile che, in questi particolari momenti, subiscano delle flessioni relativamente importanti.

Tuttavia, per il resto dei casi sono degli strumenti estremamente facili da maneggiare, che ti danno la possibilità di correggere il tiro anche se commetti degli errori.

Consiglio quindi a tutti coloro che non hanno particolare dimestichezza con le mie metodologie di partire con gli strumenti più facili.

In primis le azioni con buoni fondamentali.

Per buoni fondamentali, intendo tutte quelle aziende che:

- Sono quotate in Borsa da parecchio tempo,

- Offrono servizi che non possono sparire da un giorno all'altro,

- Non crolleranno per almeno una decina di anni,

- Hanno ottimi volumi di scambio e quindi è estremamente facile liquidare le azioni in portafoglio.

A esempio, le azioni che 'trado' maggiormente sono Azimut, BPM, UniCredit, Eni, Leonardo, Intesa San Paolo, Fiat, Generali, Brunello Cucinelli, Atlantia.

Come vedi, hai tanti titoli azionari da poter tenere sotto controllo.

Potresti fare svariate decine di operazioni giornaliere.

Una delle mie migliori allieve che vive di trading e guadagna dai mercati finanziari tutti i giorni fa solo l'indice azionario. L'altro giorno mi ha mandato tutti i profitti e le perdite delle singole azioni che in questa prima metà di anno ha fatto.

Gli importi erano da capogiro e li ha ottenuti tutti operando su 28 azioni del mercato italiano.

Le più liquide.

Come sempre, ti consiglio di studiare uno strumento finanziario per volta e quindi in questo caso ti consiglio di prendere una singola azione, studiare quali sono i suoi movimenti tipici, capire se è uno strumento che esegue movimenti molto ampi o ristretti e quindi individuare anche di quanti punti percentuali è il suo discostamento giornaliero.

Ovviamente è essenziale seguire come un'ombra i movimenti delle mani forti, molto attive su questo tipo di azioni.

E controllare la correlazione con l'indice di riferimento.

Ma andiamo oltre e vediamo come potrai letteralmente moltiplicare il numero di operazioni da aprire quotidianamente.

2. Diminuisci il timeframe.

Nel trading nulla è semplice.

C'è però da dire che l'operatività più semplice è quella di fare operazioni prendendo in considerazione timeframe alti.

Il grande vantaggio di questa operatività è che puoi permetterti di operare con stop loss "larghi".

Non avrai la necessità di entrare a mercato nel preciso istante in cui lo strumento finanziario sta invertendo.

Quindi potrai essere impreciso, ed è un grande vantaggio fintanto che non prendi le giuste misure sui mercati finanziari.

In fin dei conti questo è lo stesso approccio che utilizzano gli investitori di lungo periodo.

Individuano i titoli azionari che secondo loro sono sottostimati o che nel futuro potrebbero incrementare quote di mercato e acquistano il titolo anche se il punto d'ingresso non è ben calibrato.

Occupandosi del possibile profitto e non del punto di ingresso, sono disposti a sopportare per lunghi periodi titoli azionari profondamente in perdita anche se il rapporto rischio/rendimento risulta negativo.

Una persona che consuma i miei materiali informativi però non deve assolutamente fare trading con un rapporto rischio/rendimento negativo.

Non lo accetto. Mi rifiuto categoricamente di avere clienti che hanno intenzione di rovinarsi la vita perchè hanno bruciato il conto con un titolo azionario tenuto aperto un po' troppo.

Anche i miei corsisti che operano con orizzonti temporali

prolungati – intendo quindi che le operazioni durano al massimo una settimana – eseguono sempre operazioni con un rapporto rischio/rendimento che sia almeno di 1 a 3.

Attenzione però!

Come ben sai io sono un trader che fa prevalentemente operazioni intraday.

Nonostante sono convinto che sia l'approccio più semplice, sono il primo a confermare che non sia affatto facile.

Le insidie sono diverse e io personalmente cerco di evitarle.

A esempio gli svantaggi dell'approccio di lungo periodo sono:

- esposizione alle notizie catastrofiche del mondo che causano tracolli al mercato,
- poche operazioni al giorno,
- necessità di prendere i lunghi movimenti, e quindi non poter guadagnare dai lunghi momenti di trading range.
- impossibilità di guadagnare dei piccoli profitti giornalieri,
- operazioni con rapporti rischio/rendimento difficilmente superiori a 1/ 5.

Nel capitolo due ho sottolineato che il mercato è un continuo trading range. Si muove lentamente in una direzione perché ogni movimento subisce un ritracciamento.

Operare per prendere i lunghi movimenti risulta quindi controproducente e lento.

Trovo che operare con stop loss larghi sia una possibile opzione per prendere dimestichezza con lo strumento finanziario.

Tuttavia ti ricordo che siamo ancora in una fase di apprendimento.

Un trader professionista deve saper operare sui mercati finanziari con stop stretti per ridurre la sua esposizione a mercato.

Come puoi operare con stop loss sempre più stretti?

Semplice. Facendo uno zoom sul mercato.

Passare da un grafico con candele orarie anzichè a 4 ore ti permetterà di avere più chiara la situazione della giornata.

Ti accorgerai che magari puoi attendere ancora un po' per comprare il titolo a un prezzo più vantaggioso.

Con i grafici a candele orarie molto probabilmente non riuscirai a essere preciso come un cecchino, tuttavia potrai diminuire di molto lo stop loss, e di conseguenza....

Aumentare esponenzialmente il rapporto rischio/rendimento.

Esatto.

Il **primo vantaggio** di fare analisi su candele di breve periodo consiste nel riuscire a individuare dei punti di ingresso vantaggiosi, pur mantenendo il take profit individuato sui time frame più alti.

Il rapporto rischio/rendimento così aumenta di molto.

Il **secondo vantaggio** invece consiste nel poter eseguire molte più operazioni al giorno.

Avrai una visione di breve periodo decisamente più chiara e riuscirai a scovare tutti i piccoli e frequenti movimenti del mercato.

Grazie all'escalation di timeframe, i miei studenti più diligenti riescono, dopo qualche mese di studio di uno strumento finanziario, ad entrare a mercato con una manciata di tick di stop, contestualizzando gli ingressi su time frame a 15 o 5 minuti.

Alcune operazioni le aprono con ottica di medio periodo.

Ma la maggior parte degli ingressi hanno lo scopo di trarre profitto dai veloci movimenti di mercato che permettono in qualche minuto di portare a casa i guadagni della giornata.

Con questo approccio si riescono a eseguire diverse operazioni per singolo strumento finanziario.

Non esiste un numero preciso di operazioni che si possono eseguire.

Le mani forti entrano a mercato decine di volte al giorno in ogni singolo strumento finanziario.

E qui tocchiamo il **terzo vantaggio** dell'operatività di breve periodo.

Ovvero quello di aver modo di selezionare le migliori operazioni della giornata.

In tutta onestà, dopo oltre 5 milioni di operazioni eseguite, credo che sui miei strumenti finanziari preferiti, potrei stare a mercato ogni singolo minuto di una sessione.

Ma non lo faccio. Nonostante esegua più di 300 operazioni al giorno, cerco sempre di individuare quelle più succose. Con un rapporto rischio/rendimento superiore a 1 / 5.

In media scarto circa 700 operazioni al giorno, perchè poco sicure e perchè non valgono il rischio.

Alcuni miei studenti eseguono 100 operazioni al giorno, scartandone circa 400.

La maggior parte ne esegue 10, escludendone 100.

Poi ci sono casi di persone che eseguono una sola operazione al giorno perchè vogliono stare sui mercati solo in determinate fasce orarie e perchè vogliono eseguire solo l'operazione più succulenta della giornata.

Ma questa unica operazione viene minuziosamente selezionata.

Un ragazzo che opera con i miei metodi esegue una sola operazione al giorno.

È uno dei più metodici e ha il sangue freddo come nessun altro.

È estremamente ragionevole e affronta i mercati finanziari in totale relax.

Opera solo sull'S&P 500 dalle 15:00 alle 16:00 perché dopo centinaia di ore di osservazione ha notato che quella specifica fascia oraria gli permette di individuare i movimenti più succulenti.

Potrebbe operare anche al mattino? Certo. Potrebbe eseguire decine di operazioni ogni giorno.

Ma volontariamente le scarta, perché non sono abbastanza profittevoli.

Anche nella fascia oraria in cui lavora, individua decine di possibili ingressi. Ma di questi, ne seleziona solo uno.

Il più sicuro, il più profittevole e il più rilassante.

Quella singola operazione della giornata, non l'avrebbe eseguita se prima non ne avesse scartate almeno un centinaio.

Ed è qui il vero vantaggio del mio metodo con i time frame bassi.

Riuscire a individuare centinaia di operazioni al giorno e di queste, selezionare solo le più profittevoli.

Al contrario, conosco metodi di trading che insegnano a individuare un solo possibile ingresso a mercato al giorno.

Ed è un grande problema. Perché anche se i fuffa-guru consigliano ai propri studenti di non entrare a mercato se quell'unica operazione possibile non è ragionevolmente sicura e profittevole, i novizi operatori di Borsa comprensibilmente non ascolteranno il consiglio.

Nella teoria il consiglio è corretto, ma nella pratica risulterà inutile.

Chi vuole fare del trading la propria professione, ma anche chi tratta questo lavoro come un metodo per investire soldi nel mercato, cerca di eseguire almeno un'operazione al giorno per il semplice motivo che vuole provare a ripagarsi del tempo speso davanti ai grafici.

Coloro che riescono mediamente a individuare un solo possibile ingresso a mercato, lo eseguiranno, anche se questo risulterà pericoloso.

La soluzione è quella di essere più disciplinati?

È un consiglio sicuramente valido. Ma tremendamente difficile da mettere in pratica. Ci vogliono svariati anni di pratica prima di diventare robotici e diligenti.

La soluzione più facile, veloce, profittevole e anche intelligente è quella di essere in grado di individuare un considerevole numero di operazioni...

... e di queste selezionare le migliori.

Il mio metodo a time frame bassi permette di raggiungere l'obiettivo.

Ma ora passiamo oltre...

3. Espandi i tuoi orizzonti su altri mercati.

Arrivato a questo punto, dovresti avere una certa familiarità con lo strumento finanziario che hai scelto all'inizio.

Se sei un trader diligente dovresti avere la piena padronanza del titolo azionario e probabilmente esegui svariate operazioni al giorno, individuando l'ingresso su time frame molto bassi, come a esempio il 5 minuti.

Dovresti avere già le competenze per eseguire ingressi con un paio di tick di stop.

A questo punto hai tutte le capacità per poter diventare un trader professionista.

Ce l'hai fatta.

Tuttavia... è comprensibile che tu non riesca a raggiungere ancora i risultati economici che può ottenere un trader di successo.

La causa, con ogni probabilità, è dovuta ai pochi strumenti finanziari su cui operi. Oppure, se esegui tante operazioni, la maggior parte di queste potresti evitarle.

Quindi è arrivato il momento di aprire i tuoi orizzonti verso nuovi strumenti.

Ma quali? E con che ordine?

Come ho ripetuto più volte all'interno di questo libro, alcuni strumenti sono più semplici rispetto ad altri.

Il primo consiglio che mi sento di darti è quello di continuare con le azioni che hanno molti scambi.

Se invece hai già preso dimestichezza con le azioni e vuoi espandere i tuoi orizzonti con nuovi strumenti, ti consiglio gli **indici.**

Ma non tutti.

In questo libro ti ho parlato della volatilità dei mercati, che dipende da quanto i book sono carichi di contratti.

Riassumendo in poche parole il discorso, più i book sono carichi di contratti, meno sarà facile creare una sproporzione tra compratori e venditori.

E quindi quello strumento finanziario risulterà particolarmente cauto, lineare, tranquillo e privo di improvvisi colpi di scena.

Gli strumenti finanziari su cui ti consiglio di operare devono avere la caratteristica di possedere dei book particolarmente carichi di contratti.

Tra gli indici, l'S&P 500, il Dow Jones e il Nasdaq sono quelli che hanno il maggior numero di volumi di scambio e quindi sono i più semplici.

L'indice italiano, francese e tedesco invece scambiano molti meno contratti. Circa un decimo degli americani.

Per questo motivo io li sconsiglio. Ci sono talmente tanti mercati in cui operare che trovo insensato prendersi i rischi con un paio di strumenti finanziari.

Ma andiamo avanti.

Se vuoi ulteriormente espandere i tuoi orizzonti verso strumenti finanziari più pericolosi, chi sono io per dirti di non farlo?

Quindi procediamo.

L'euro/dollaro è sicuramente la valuta più interessante tra tutte. Se vuoi operare sul Forex, ti consiglio il cambio EUR/USD.

Tutti gli altri strumenti finanziari li inserisco sullo stesso piano di difficoltà.

Gli indici con book molto leggeri hanno la stessa difficoltà delle materie prime, le quali spesso fanno grossi movimenti dovuti a notizie di mercato.

Anche le commodity io personalmente le ripongo sullo stesso piano.

Ma prima di concludere, voglio fare un piccolo disclaimer.

In questo paragrafo ho cercato di catalogare i mercati finanziari suddividendoli in base alla difficoltà di comprenderne i movimenti.

Tuttavia, se sei un trader e operi già su uno specifico strumento finanziario, molto probabilmente ti risulterà facile adattare il mio metodo allo strumento finanziario che già conosci.

A esempio, c'è un mio studente che prima di fare i miei corsi operava già in Borsa e aveva i suoi strumenti preferiti.

Le prime operazioni che ha fatto sono state con il Cacao, lo strumento che conosceva meglio.

Unendo il mio metodo con la sua conoscenza di quello specifico strumento finanziario, fin dall'inizio ha eseguito operazioni con un'elevata percentuale di successo.

Senza alcun dubbio, se conosci i metodi che muovono i mercati, potrai operare su qualunque strumento finanziario tu voglia.

Se hai già esperienza, concentrati sugli strumenti che già conosci, altrimenti se vuoi operare con strumenti finanziari con cui non hai dimestichezza, ti consiglio il percorso di questo capitolo.

In conclusione se non hai mai fatto trading con successo, per arrivare a diventare un professionista in questo settore, ti consiglio vivamente di seguire questa scaletta:

- Inizia con le azioni con molti volumi di scambio.

- Parti dai timeframe H4 o daily e imposta le operazioni con stop larghi. Ricorda però che non devi mai aprire operazioni con rapporti rischio rendimento inferiori a 1/3.

- Una volta presa dimestichezza sui timeframe alti, abbassali per aumentare il numero di operazioni giornaliere e per ridurre lo stop loss. L'obiettivo è di trovare l'esatto momento di ingresso su time frame a 5 minuti per aprire le operazioni con 3 o 4 tick di stop.

- Una volta raggiunto l'obiettivo puoi cambiare strumento finanziario e ripetere gli step.

Questo è il percorso che consiglio a tutti i miei studenti.

Credo che sia applicabile su ogni strategia profittevole, come quella che ho descritto nel capitolo 4.

Ma voglio andare oltre.

Cosa sarebbe se ti dicessi il percorso ma non ti presentassi i miei sistemi personali, collaudati con oltre 20 anni di esperienza?

Prima della fine di questo libro ripresenterò la Marsigliese, una tecnica che ho inventato, e il Volume Profile, il mio metodo operativo quotidiano.

Ma prima devo introdurti al mio sistema operativo e da cosa è composto.

Capitolo 6

Il Sistema Serafini

6.1 – Perché il mio Sistema?

In questo capitolo ti parlerò del sistema che adotto quotidianamente sui mercati, a prescindere dagli strumenti finanziari che uso (Azioni, Indici, Materie prime, etc.), a prescindere dagli specifici pattern grafici o tecnica di trading, e a prescindere dal tipo di operatività che adotto.

Infatti, anche se la maggior parte della mia operatività è di tipo intraday, il sistema che mi permette di guadagnare tutti i giorni dal mercato è sempre lo stesso, e una volta che ne avrai compresi i princìpi potrai adattarlo anche tu alla tua operatività, qualsiasi essa sia.

Per prima cosa lascia che ti dica cosa è per me un sistema:

Un sistema è un insieme di regole e procedure fisse e immutabili che devi adottare nel tuo trading.

Quindi un sistema mette dei paletti irremovibili alla tua operatività. Potrebbe sembrare una limitazione alla tua libertà decisionale – e in effetti è proprio così – ma questo non è necessariamente un male. È meglio infatti essere obbligati a prendere decisioni cautelative piuttosto che azzardare decisioni incaute basate unicamente sull'emotività del momento.

Lo scopo del sistema è quello di farti lavorare serenamente, farti guadagnare tutti i giorni e soprattutto proteggere il tuo capitale.

Ti ricordi il capitolo sulla psicologia?

Abbiamo parlato della difficoltà più grossa che un trader principiante deve affrontare e questa non è di tipo tecnico ma, appunto, puramente psicologico.

La conoscenza tecnica e strategica ovviamente è indispensabile, ma da sola non basta. Conosco diversi trader a cui ho avuto l'onore di fare da mentore che dopo aver frequentato i miei corsi guadagnavano ogni giorno belle cifre in modalità demo.
Poi quando sono passati in reale facevano fatica a non perdere.

Giocare con i soldi del Monopoli è una cosa, rischiare i propri soldi invece è tutto un altro paio di maniche.

Utilizzare un sistema collaudato, al contrario, ti dà come primo beneficio la sicurezza di non mettere a repentaglio il tuo capitale perché toglie gran parte dell'emotività dalle tue operazioni.

Vedi un sistema come un dispositivo con il quale operi sul

mercato. In questo dispositivo entrano i dati dei titoli che stai seguendo e tu puoi operare su questi titoli solo muovendo delle leve di questo marchingegno.

Ovviamente questa, purtroppo, è solo una metafora. Non c'è nessun marchingegno ma "solo" una serie di regole ben precise che devi rispettare. Per questo motivo è importante allenare la tua disciplina perché il prerequisito fondamentale affinché il sistema funzioni è che tu lo usi costantemente.

Se ancora ti preoccupa l'apparente limitazione di libertà, sappi che questa è compensata abbondantemente dai benefici dell'adottare un sistema.

Innanzitutto sai sempre cosa devi fare e non devi reinventarti la ruota ogni volta. Questo ti permette di risparmiare energia mentale ed emotiva e ti consente di lavorare più serenamente.

Il sistema ti aiuta, emotivamente parlando, a prendere le distanze dal singolo trade. Non ti senti più addosso tutta la responsabilità dell'operazione perché buona parte di questa è demandata al sistema stesso.

Inoltre ti sarà più facile accettare il fatto che alcuni trade saranno perdenti. Infatti dotarsi di un sistema non vuol dire riuscire a fare solo operazioni profittevoli. Piacerebbe a tutti ma è un'utopia.

Tuttavia, chiudere dei singoli trade in perdita è una cosa prevista a priori dal sistema ma, nel momento in cui questo è progettato per avere su ciascun trade un rapporto rischio guadagno di 1:3, 1:5, 1:8 o superiori, è quasi statisticamente impossibile finire una sessione di trading col segno negativo.

Chiarisco meglio il punto.

Supponiamo di effettuare tutte operazioni con rapporto rischio beneficio di 1:3. Questo vuol dire che per ogni singolo euro che rischi di perdere se l'operazione va male, ne guadagni almeno 3 se l'operazione va bene.

Per spiegarti il concetto faccio una semplificazione enorme che parte dal presupposto che i mercati si muovano in modo casuale – cosa che sappiamo non essere vera.

Quindi, solo a titolo di esempio supponiamo di puntare d'azzardo (bada bene, cosa che assolutamente ti sconsiglio, ma ne parliamo tra poco).

Visto che la statistica non è un'opinione avresti il 50% di probabilità di perdere e il 50% di probabilità di guadagnare.

Quindi, supponendo di fare 100 operazioni, avresti una perdita cumulata di 50 (50 x 1) a fronte di un guadagno cumulativo di 150 (50 x 3) con un utile netto pari a 100.

Tuttavia, affinché la cosa stia veramente in piedi devi riuscire a individuare le operazioni da effettuare che abbiano il rapporto rischio beneficio di 1:3 o superiore.

Cosa possibile cercando nel grafico la formazione di uno dei tanti pattern di inversione che insegno ai miei studenti. Spesso però non è sufficiente.

Infatti la maggior parte dei pattern grafici sono basati sul concetto di riequilibrio del mercato e supportati da evidenze statistiche. Sarebbero quindi pressoché infallibili se nel mercato tutti i trader avessero lo stesso peso.

Ma come già sai questo non è vero.

In oltre 20 anni di trading mi sono reso conto che l'operatività delle Mani Forti può compromettere l'efficacia di qualsiasi pattern di tipo statistico e di tutta l'analisi tecnica in generale.

Per nostra fortuna l'operato delle Mani Forti lascia sempre delle tracce che possiamo individuare analizzando i volumi di scambio, ed è per questo motivo che nel mio sistema ogni pattern viene contestualizzato tramite il Volume Profile.

In questo modo riuscirai anche tu a operare sui mercati in maniera chirurgica, effettuare operazioni con Stop millimetrici e target estremamente ambiziosi, e soprattutto riuscirai a spostare le probabilità di successo delle tue operazioni pesantemente dalla tua parte.

Va da sé che il tuo trading sarà più rilassato perché grazie a questo sistema sarai in grado di decifrare i movimenti delle Mani Forti e capire come e quando sfruttarli a tuo vantaggio.

Mettere a punto questo sistema non è stata proprio una passeggiata. Tieni conto che nel momento in cui sto scrivendo questo libro io sono un trader professionista da oltre 20 anni e ho all'attivo oltre 5 milioni di eseguiti con denaro reale.

Non ho nessun titolo accademico ma al mercato non interessa. Il trading è il lavoro più meritocratico che esista, dove a parlare sono i numeri e di sicuro non ho fatto 5 milioni di operazioni eseguite solo per ingrassare le banche di commissioni, non credi?

E se ciò non ti bastasse puoi sempre venire a trovarmi nella mia sala trading a Cavarzere e vedermi all'opera. A detta dei miei studenti sono l'unico in Italia a mostrare in diretta come opera in reale sui propri conti, e fuori dalla sala troverai sicuramente qualche mio studente pronto a testimoniarlo.

Sono orgoglioso di essere il mentore di tanti ragazzi e di poter aiutarli a realizzarsi dal punto di vista professionale ed essere finanziariamente liberi, perché in fin dei conti è la libertà finanziaria che tutti noi cerchiamo giusto?

Ti do la mia parola che con il Sistema Serafini riuscirai a raggiungere questo obiettivo.

6.2 – Il metodo più veloce per raggiungere la libertà finanziaria

Per parlare di Libertà Finanziaria prima dobbiamo capire il significato della parola libertà.

Secondo Wikipedia "per libertà s'intende la condizione per

cui un individuo può decidere di pensare, esprimersi e agire senza costrizioni, ricorrendo alla volontà di ideare e mettere in atto un'azione, mediante una libera scelta dei fini e degli strumenti che ritiene utili a realizzarla".

Quindi, semplificando, essere liberi vuol dire poter fare quello che si vuole quando si vuole e come si vuole, giusto?

Lasciamo stare le implicazioni morali e filosofiche di questa definizione e concentriamoci sull'aspetto pratico.

Anche se ognuno di noi ha in testa un proprio concetto di libertà, credo che tutti noi possiamo essere abbastanza d'accordo sulla definizione di Wikipedia ma ci sono delle implicazioni piuttosto evidenti di tale concetto.

La cruda verità è che – anche rimanendo entro i limiti etici, morali e legali dei nostri desideri – non sempre li possiamo esaudire.

Ti faccio qualche esempio terra terra.

Se tu desiderassi prenderti un anno sabbatico per fare il giro del mondo potresti farlo?

Se tu desiderassi acquistare la villa dei tuoi sogni a *(scegli tu dove)* saresti in grado?

Se il tuo desiderio fosse quello di aiutare le persone povere di *(scegli tu una località del terzo mondo che ha bisogno di aiuto)* costruendo scuole e ospedali potresti veramente farlo?

Potrei andare avanti all'infinito con questo tipo di domande. Sono convinto che qualunque cosa tu desideri realmente potresti trovare il modo per realizzarla. Non sono qui per sminuire le tue potenzialità, tutt'altro.

So per certo però, che nella civiltà moderna la realizzazione di questi desideri passa attraverso il reperimento dei capitali necessari.

Qualunque sia il tuo concetto di libertà, sono quasi certo che per attuarlo hai bisogno di denaro.

Io sono nato in una famiglia benestante ma non ricca. Nella mia vita, grazie al trading, sono riuscito a soddisfare molti dei miei desideri. Mi sono comprato la macchina che desideravo, la villa ad Albarella che desideravo, ho fatto tutti i viaggi che desideravo e faccio la vita che desidero. In questo momento potrei mollare tutto e vivere di rendita ma non lo faccio perché mi piace fare trading.

Per me libertà è anche questo. Potermi prendere ogni estate due mesi di vacanza che trascorro al mare, ma allo stesso tempo poter piazzare un trade magari mentre "le mie donne" si preparano per andare a cena.

D'inverno, invece, mi piace trascorrere le giornate nella mia sala trading, sempre più spesso circondato di ragazzi che si impegnano per imparare una nuova professione.

Il denaro che possiedo mi dà la libertà di scegliere cosa voglio fare.

E a proposito di libertà di scelta...

Rimanendo sempre terra terra. Ti ho già raccontato di quando mi sono rotto il femore...

Non ricordo esattamente quando mi avrebbero fatto l'intervento se avessi aspettato i tempi della sanità pubblica. Fortunatamente potevo scegliere a cuor leggero la strada più veloce ma che allo stesso tempo era la più costosa. Purtroppo non tutti possono permettersi un lusso di questo tipo.

Fatta questa premessa, nella società moderna la libertà passa inevitabilmente dalla libertà finanziaria.

Su questo concetto sono state scritte vagonate di libri sia da autori italiani che stranieri pertanto vado dritto al punto.

La definizione a cui do maggior credito è la seguente:

"Sei libero finanziariamente quando tutte le tue spese sono coperte dalle tue entrate passive"

In soldoni questo vuol dire che hai un capitale tale che ti permette di vivere di rendita, senza muovere un dito per procurarti altro denaro.

A quanto ammonta questo capitale dipende da due cose.

1. Dall'ammontare delle tue spese annue.
2. Dalla percentuale di interesse minima che riesci a ottenere dal tuo investimento senza doverci dedicare del tempo.

In questo momento quindi parlo di investimento puro, non di trading.

Faccio delle ipotesi giusto per continuare il ragionamento, poi sostituisci i numeri con quelli più veritieri nel tuo caso.

Supponiamo che un tenore di vita con cui potresti essere soddisfatto è sostenibile con una spesa mensile media di 5.000 €. In un anno quindi la tua spesa ammonta a 60.000 €.

Sempre a titolo di esempio supponiamo che tu riesca a ottenere un rendimento del tuo capitale pari al 15% (è un rendimento annuo piuttosto alto e difficilmente raggiungibile senza fare nulla, ma è a solo titolo di esempio).

Il capitale che con un 15% di interesse all'anno ti dà una rendita di 60.000 € lo trovi con la formula:

Capitale = Rendimento Annuo [€] x 100 / Percentuale di Rendimento

Quindi:

Capitale = 60.000 x 100 / 15 = 400.000 €

Pertanto con 400.000 € investiti al 15% di interesse annuo potresti avere una rendita mensile di 5.000 €.

Con un tasso di interesse dell'8% (più modesto e sicuramente più realistico), per avere la stessa rendita avresti bisogno di un capitale iniziale di 750.000 €

Detto ciò, non puoi definirti finanziariamente libero fino a quando non disponi delle cifre sufficienti per "vivere di rendita".

Ma non abbatterti. Se stai leggendo questo libro non credo che il tuo desiderio immediato sia quello di vivere di rendita. Magari quello potrebbe essere un punto di arrivo da raggiungere nei prossimi anni.

In questo momento potresti essere felice di lavorare alle tue condizioni e di guadagnare mensilmente più di quello che ti serve per vivere, in modo da riuscire ad accantonare mensilmente del capitale da investire e lasciare che l'interesse composto faccia la sua magia negli anni.

Così, mentre tu lavori per procurarti del denaro, una parte del denaro che hai guadagnato in precedenza lavora al posto tuo senza che tu te ne debba occupare.

Se ti ricordi una delle "Regole" che ti ho suggerito nel capitolo sulla psicologia prevede proprio di ritirare periodicamente i guadagni del tuo trading. Questi sono il giusto compenso per il tuo lavoro e, se vuoi un altro consiglio, almeno il 10% di questi guadagni dovresti spostarlo su un conto dedicato e farli lavorare in modo passivo.

Quindi, come ormai avrai capito fare trading e fare investimenti sono cose completamente diverse.

Gli investimenti hanno un arco temporale molto lungo, come minimo nell'ordine degli anni. Questo implica che il tuo capitale è sempre esposto alle turbolenze del mercato, problema comunque risolvibile mettendo dei target di protezione.

Il vantaggio più grosso degli investimenti è che, una volta fatti, non te ne devi occupare se non in minima parte. D'altro canto però le percentuali annue di guadagno molto di rado superano il 15% se non nel caso di abili investitori professionisti che lo fanno di mestiere e che quindi passano il loro tempo a fare analisi fondamentale per decidere in quali titoli investire.

Il trading invece è un lavoro e come tale lo devi prendere. Non puoi ottenere risultati nel trading se non sei disposto a imparare il mestiere e poi a dedicarci il giusto tempo. Tuttavia se segui il mio sistema il rischio che corri è molto contenuto e le percentuali di guadagno possono essere veramente ambiziose.

Nel primo capitolo di questo libro ti ho detto che nel 2000 totalizzai un guadagno del 2700% portando il mio conto da 15.000 € a 405.000. All'epoca facevo scalping, un trading molto veloce e con un numero imponente di operazioni giornaliere.

Oggi il mercato è cambiato e anche io lo sono. Ora faccio un trading molto più rilassato e con molte meno operazioni al giorno. Tuttavia in media riesco a raddoppiare ogni anno il mio capitale.

A titolo di esempio ti mostro il riepilogo del pagamento delle tasse per i due conti che uso per fare trading negli anni 2017 e 2018. Considera che in quei due anni il capitale che usavo per fare trading era di 70.000 €.

Riepilogo Versamento imposte nell'anno 2017

		Plus Minus	Imp Deb	CredDisp
Gennaio	Imposta addebitata il 01/02/2017 con valuta 01/02/2017; operazione 68758038; importo 489.42	1.836,24	489,42	11,99
Febbraio	Imposta addebitata il 01/03/2017 con valuta 01/03/2017; operazione 69208139; importo 1570.37	5.951,48	1.570,37	34,96
Marzo	Imposta addebitata il 03/04/2017 con valuta 03/04/2017; operazione 69541191; importo 482.62	1.990,63	482,62	—
Aprile	Imposta addebitata il 02/05/2017 con valuta 02/05/2017; operazione 69898410; importo 878.56	3.379,09	878,56	—
Maggio	Imposta addebitata il 01/06/2017 con valuta 01/06/2017; operazione 70243176; importo 1831.54	7.044,35	1.831,54	—
Giugno	Imposta addebitata il 03/07/2017 con valuta 03/07/2017; operazione 70608087; importo 620.78	2.334,39	620,78	13,84
Luglio	Imposta addebitata il 01/08/2017 con valuta 01/08/2017; operazione 70701748; importo 687.08	2.695,90	687,08	—
Agosto	Imposta addebitata il 01/09/2017 con valuta 01/09/2017; operazione 70993162; importo 819.31	3.151,29	819,31	—
Settembre	Imposta addebitata il 02/10/2017 con valuta 02/10/2017; operazione 71319273; importo 1535.08	5.904,18	1.535,08	—
Ottobre	Imposta addebitata il 01/11/2017 con valuta 01/11/2017; operazione 71736790; importo 2097.69	8.068,04	2.097,69	—
Novembre	Imposta addebitata il 01/12/2017 con valuta 01/12/2017; operazione 71985272; importo 1036.79	3.987,67	1.036,79	—
Dicembre	Imposta addebitata il 02/01/2018 con valuta 02/01/2018; operazione 72212190; importo 734.20	2.823,89	734,20	—
	Totale Imposte	**49.167,15**	**12.783,44**	

Riepilogo Versamento imposte nell'anno 2017

		Plus Minus	Imp Deb	CredDisp
Gennaio		—	—	—
Febbraio		—	—	—
Marzo	Imposta addebitata il 03/04/2017 con valuta 03/04/2017; operazione 69541199; importo 447.65	1.721,74	447,65	—
Aprile	Imposta addebitata il 02/05/2017 con valuta 02/05/2017; operazione 69898416; importo 1879.04	7.227,13	1.879,04	—
Maggio	Imposta addebitata il 01/06/2017 con valuta 01/06/2017; operazione 70243184; importo 3377.78	12.991,45	3.377,78	—
Giugno	Imposta addebitata il 03/07/2017 con valuta 03/07/2017; operazione 70617638; importo 2208.93	8.495,91	2.208,93	—
Luglio	Imposta addebitata il 01/08/2017 con valuta 01/08/2017; operazione 70701754; importo 742.50	2.855,77	742,50	—
Agosto	Imposta addebitata il 01/09/2017 con valuta 01/09/2017; operazione 70993168; importo 1250.44	4.809,41	1.250,44	—
Settembre	Imposta addebitata il 02/10/2017 con valuta 02/10/2017; operazione 71319279; importo 3306.52	12.717,39	3.306,52	—
Ottobre	Imposta addebitata il 01/11/2017 con valuta 01/11/2017; operazione 71736796; importo 3006.81	11.564,69	3.006,81	—
Novembre	Imposta addebitata il 01/12/2017 con valuta 01/12/2017; operazione 71985281; importo 1760.01	6.769,19	1.760,01	—
Dicembre	Imposta addebitata il 02/01/2018 con valuta 02/01/2018; operazione 72212196; importo 1488.94	5.600,26	1.488,94	32,88
	Totale Imposte	**74.752,94**	**19.468,62**	

Riepilogo Versamento imposte nell'anno 2018

		Plus Minus	Imp Deb	CredDisp
Gennaio	Imposta addebitata il 01/02/2018 con valuta 01/02/2018; operazione 72604355; importo 635.14	2.442,83	635,14	—
Febbraio	Imposta addebitata il 01/03/2018 con valuta 01/03/2018; operazione 72859298; importo 364.66	1.402,55	364,66	—
Marzo	Imposta addebitata il 03/04/2018 con valuta 03/04/2018; operazione 73037383; importo 474.78	1.795,78	474,78	7,88
Aprile	Imposta addebitata il 02/05/2018 con valuta 02/05/2018; operazione 73482663; importo 500.38	1.954,81	500,38	—
Maggio	Imposta addebitata il 01/06/2018 con valuta 01/06/2018; operazione 73788592; importo 745.69	2.868,14	745,69	—
Giugno	Imposta addebitata il 02/07/2018 con valuta 02/07/2018; operazione 74037204; importo 335.50	1.290,43	335,50	—
Luglio	Imposta addebitata il 01/08/2018 con valuta 01/08/2018; operazione 74310497; importo 372.43	1.432,37	372,43	—
Agosto	Imposta addebitata il 03/09/2018 con valuta 03/09/2018; operazione 74495831; importo 116.57	448,33	116,57	—
Settembre	Imposta addebitata il 01/10/2018 con valuta 01/10/2018; operazione 74671399; importo 134.32	499,07	134,32	4,59
Ottobre	Imposta addebitata il 01/11/2018 con valuta 01/11/2018; operazione 74983814; importo 301.47	1.169,42	301,47	2,00
Novembre	Imposta addebitata il 03/12/2018 con valuta 03/12/2018; operazione 75215692; importo 13.98	-828,33	13,98	231,36
Dicembre		531,86	—	93,07
	Totale Imposte	**14.475,40**	**3.994,92**	

Riepilogo Versamento imposte nell'anno 2018

		Plus Minus	Imp Deb	CredDisp
Gennaio	Imposta addebitata il 01/02/2018 con valuta 01/02/2018; operazione 72604361; importo 1405.95	5.533,93	1.405,95	—
Febbraio	Imposta addebitata il 01/03/2018 con valuta 01/03/2018; operazione 72859304; importo 619.35	2.382,03	619,35	—
Marzo	Imposta addebitata il 03/04/2018 con valuta 03/04/2018; operazione 73037389; importo 908.40	3.493,80	908,40	—
Aprile	Imposta addebitata il 02/05/2018 con valuta 02/05/2018; operazione 73482669; importo 1397.39	5.374,57	1.397,39	—
Maggio	Imposta addebitata il 01/06/2018 con valuta 01/06/2018; operazione 73788602; importo 1794.53	6.901,99	1.794,53	—
Giugno	Imposta addebitata il 02/07/2018 con valuta 02/07/2018; operazione 74037214; importo 840.17	3.231,47	840,17	—
Luglio	Imposta addebitata il 01/08/2018 con valuta 01/08/2018; operazione 74310503; importo 833.95	3.207,46	833,95	—
Agosto	Imposta addebitata il 03/09/2018 con valuta 03/09/2018; operazione 74495837; importo 421.38	1.620,66	421,38	—
Settembre	Imposta addebitata il 01/10/2018 con valuta 01/10/2018; operazione 74671403; importo 1139.42	4.382,38	1.139,42	—
Ottobre	Imposta addebitata il 01/11/2018 con valuta 01/11/2018; operazione 74983822; importo 2321.28	8.928,04	2.321,28	—
Novembre	Imposta addebitata il 03/12/2018 con valuta 03/12/2018; operazione 75215698; importo 1189.22	4.573,97	1.189,22	—
Dicembre	Imposta addebitata il 02/01/2019 con valuta 02/01/2019; operazione 75404865; importo 598.35	2.301,29	598,35	—
	Totale imposte	**51.931,59**	**13.469,39**	

Come vedi il 2018 andò molto meglio ma dedicai anche più tempo al trading.
Non mi stancherò mai di ripeterlo, il trading per me è il lavoro più difficile ma anche il più bello e meritocratico del mondo. È un lavoro libero perché puoi farlo ovunque senza dipendere da niente e da nessuno. E infine è il metodo più veloce che io conosca per raggiungere il capitale necessario che ti consente di essere finanziariamente libero.

6.3 – Il sistema Serafini operativo

Eccoci arrivati alla sezione in cui ti spiego a livello macro il mio sistema. Lasciami riprendere velocemente quanto ti ho raccontato in merito a come si muovono i mercati perché mi serve per contestualizzare il metodo.

Nel secondo capitolo di questo libro ti ho introdotto due metafore che ne spiegano bene le dinamiche. Secondo la prima metafora il mercato, all'interno di un intervallo temporale limitato, si comporta come un elastico che si allunga e si accorcia rimanendo sempre in prossimità di un punto di equilibrio.

Ci sono momenti in cui delle forze esterne lo fanno allungare (o accorciare) ma nel momento in cui queste forze cessano, l'elastico torna naturalmente nel suo punto di equilibrio.

Questa metafora sintetizza i ragionamenti che facevo a inizio carriera per decidere quali titoli dovevo comprare e quando, ed è tutt'ora alla base della maggior parte dei pattern grafici che insegno.

Tuttavia è incompleta per due motivi. Primo, perché si basa solo sull'osservazione visiva dei movimenti di prezzo di un titolo, ma non sulle forze che lo muovono. Secondo, perché è valida in prossimità di un punto di equilibrio ma non dà nessuna indicazione sul fatto che il mercato possa raggiungere o meno un punto di equilibrio diverso.

La seconda metafora che ho introdotto risolve parzialmente questi limiti e soprattutto risponde alla domanda "perché si muovono i mercati".

Infatti contempla anche le forze che causano la salita o la discesa dei prezzi e cioè i **volumi di scambio**.

Ti ricordi la metafora della piscina?

Il livello della piscina rappresenta il prezzo del mercato, la valvola di riempimento rappresenta i volumi acquistati mentre la valvola di scarico rappresenta i volumi venduti.

Se i volumi acquistati sono maggiori di quelli venduti, il prezzo sale. Viceversa, se i volumi venduti superano i volumi acquistati, il prezzo scende.

Sono i volumi scambiati a muovere i mercati. Se non ci fossero contratti scambiati il prezzo rimarrebbe fermo.

Non mi soffermo più su queste metafore perché entrambe sono incomplete e semplificano forse troppo la realtà. Il concetto che mi interessa ti rimanga e che è alla base della mia strategia è il seguente:

I pattern grafici che ho formalizzato, danno l'indicazione di una possibile entrata a mercato, tuttavia sono i volumi che decretano il via libera all'operazione e che consentono di entrare a mercato con Stop ridicoli rispetto al target.

Grazie all'analisi dei volumi riesco a identificare come si stanno muovendo le Mani Forti e di conseguenza a seguirne i movimenti per prendere qualche golosa briciola che lasciano sul piatto.

Infatti non ha alcun senso avere un'operatività che va in conflitto con quella delle Mani Forti. Loro hanno una potenza tale da annientare il conto di un trader retail in un batter d'occhio. Considera le mani forti come degli enormi squali sempre pronti a divorare i pesci piccoli che hanno l'avventatezza di mettersi contro i loro movimenti.

Gli unici pesci piccoli che possono trarre beneficio dai movimenti delle Mani Forti sono quelli che non si mettono di traverso ma li seguono. Come le remore per esempio.

Le remore sono dei pesci piccoli che letteralmente si attaccano agli squali. Ne seguono quindi i movimenti procurandosi spesso del cibo gratis avanzato dai loro pasti.

Le remore non temono gli squali perché sanno come muoversi in quanto hanno la conoscenza necessaria che permette loro di mangiare in un ambiente pericoloso senza essere mangiate a loro volta.

Grazie ai volumi possiamo individuare esattamente dove le Mani Forti hanno comprato o venduto grosse quantità di titoli e noi possiamo prendere le nostre contromisure e replicare esattamente i loro movimenti.

Ormai i volumi di scambio sono dati che quasi ogni piattaforma di trading fornisce. Tuttavia non è sufficiente avere i dati ma bisogna imparare a leggerli e interpretarli correttamente, cosa che spiego in modo approfondito nel corso sul Volume Profile.

Per ora ti basti sapere che l'analisi dei volumi, da parecchi anni a questa parte, è diventata il punto cardine del mio sistema.

È grazie all'analisi dei volumi che riesco a capire quanto un titolo può salire o scendere e che mi permette di prendere movimenti più importanti rispetto ai semplici rimbalzi.

Grazie ai volumi poco più di un mese fa ho fatto una previsione sull'S&P 500 che molti hanno criticato dandomi del pazzo.

Lascia che te la racconti, poi prometto che ti spiego i tre step del mio sistema.

Era il 7 Aprile 2020, ancora in piena emergenza Corona Virus.

L'indice S&P 500 aveva toccato i massimi il 19 Febbraio arrivando a ridosso dei 3386 punti.

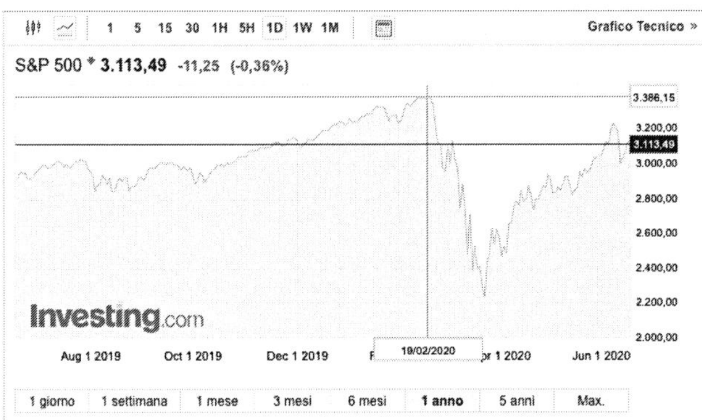

Poi a causa dell'emergenza Corona Virus i mercati hanno subito un forte trend ribassista e l'S&P 500 ha toccato il minimo di 2237,4 punti il 23 Marzo perdendo quindi più del 33% del suo valore.

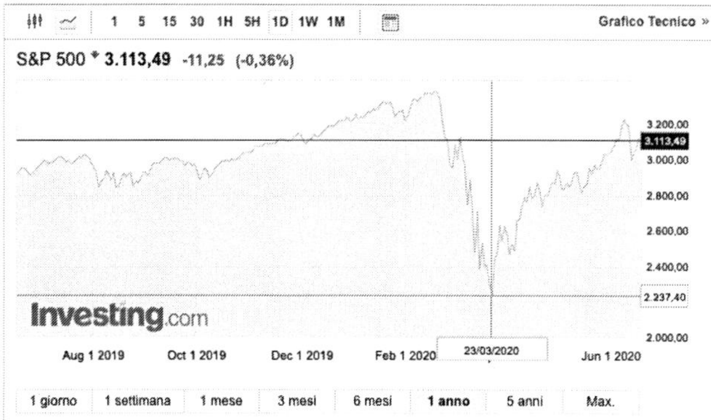

A questo punto i mercati riprendono a salire e l'S&P 500 arriva intorno ai 2659 punti il 7 Aprile giorno della mia previsione.

Infatti, durante la diretta su Investv di quel giorno (che puoi trovare su YouTube cercando "Investv: le strategie di trading dei top trader – 7 aprile 2020") azzardai che nel mese successivo l'S&P 500 sarebbe salito ancora e probabilmente avrebbe raggiunto i 3000 punti o anche il livello di resistenza successivo che era collocato a 3100 punti.

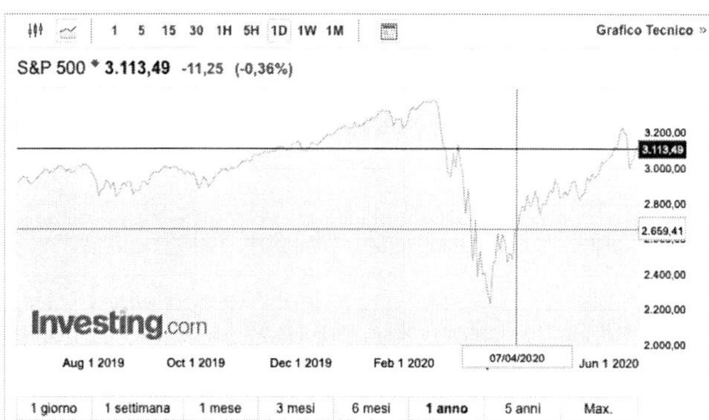

L'emergenza Corona Virus non era finita e c'era ancora incertezza sui mercati. Ti sarà facile comprendere come a occhi inesperti la mia previsione potesse sembrare alquanto azzardata.

Ma non lo era perché quella previsione era basata sull'analisi dei volumi. A un mese esatto dalla previsione l'S&P500 era arrivato a 2891 punti...

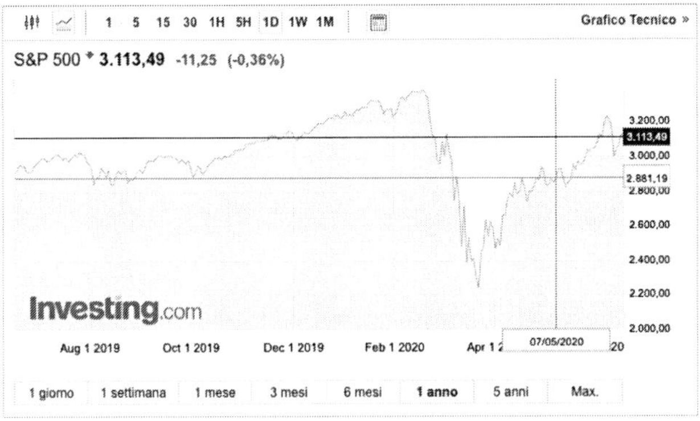

... ed il 3 Giugno, nel momento in cui sto scrivendo è arrivato a 3122 punti.

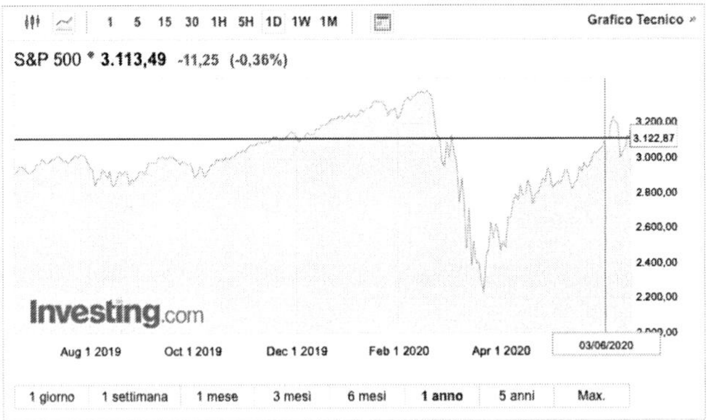

Non ho la sfera di cristallo, infatti è passato più di un mese, ma il trend è stato quello previsto.

Ecco, questo aneddoto recente te l'ho raccontato per dimostrarti quanto il Volume Profile sia efficace come strumento per il tuo trading.

Non a caso, come ti ho già detto, è parte integrante del mio sistema.

E finalmente è arrivato il momento che te lo spieghi nei dettagli...

Esso è suddiviso in tre macro passi che sono:

1. **Analizzo il mercato**
2. **Contestualizzo con i Volumi**
3. **Gestisco l'operazione**

Vediamo in cosa consistono uno alla volta.

1. Analizzo il mercato

In questa fase guardo i grafici e vado alla ricerca di potenziali ritracciamenti usando i pattern da me teorizzati, come per esempio la Marsigliese.

Grazie a questi pattern mi rendo conto in anticipo di come, statisticamente parlando, potrebbe evolvere il mercato.

Sempre nella fase di analisi potrei individuare dei pattern volumetrici. Infatti, come spiego nel video corso Volume Profile, spesso le mani forti seguono degli schemi di comportamento ed è quindi possibile individuare dei pattern direttamente guardando i volumi scambiati.

Fai bene attenzione però. Il fatto che sia possibile individuare dei pattern non significa che sia facile. Io ci sono riuscito grazie agli oltre 20 anni di esperienza e oltre 5 milioni di eseguiti. Solo da poco, grazie all'incessante pressing del mio socio Amos, ho deciso di rendere disponibile quello che ho imparato in tutti questi anni.

Comunque, tornando al sistema, anche se i pattern che individuo sono sul grafico e non tengono conto dei volumi, sarà l'analisi volumetrica del secondo punto che mi dirà se è il caso di entrare a mercato oppure no.

2. Contestualizzo con i Volumi

Il secondo punto consiste proprio nel contestualizzare il potenziale trade con l'analisi volumetrica. È questo il momento in cui decido se entrare a mercato.

Grazie all'analisi dei volumi riesco a capire quante probabilità di successo ha l'operazione e riesco a definire in maniera millimetrica lo stop.

Se l'analisi dei volumi mi dà l'OK a procedere, allora entro a mercato posizionando immediatamente lo Stop, tipicamente pochi tick a ridosso dell'entrata.

Il numero di tick di Stop lo decido in base al pattern individuato ma, siccome a seconda del titolo scelto, 1 tick ha un controvalore monetario diverso, la quantità di denaro che investo, cioè la size dell'operazione, la decido in funzione del rischio che mi voglio prendere.

Una buona regola di Money Management che puoi trovare su altri testi prevede di non rischiare più dell'1% del proprio capitale di trading per ogni singola operazione. Io preferisco essere molto più cautelativo e rischiare al massimo lo 0,2-0,3% del capitale di trading per singola operazione. A titolo di esempio, grazie all'analisi volumetrica faccio quasi sempre entrate rischiando meno di 100 € di Stop (spesso anche solo 30-40 €) che corrispondono ad un rischio dello 0,14% del capitale per operazione, visto che il mio capitale di trading lo riporto settimanalmente a 70.000 €.

Ormai avrai capito che una mia peculiarità è quella di utilizzare Stop molto stretti.

Questa caratteristica mi consente di effettuare operazioni con entrata da Scalper, quindi con il rapporto rischio rendimento molto alto, ben oltre l'1:3, che è il rapporto minimo di cui ti ho parlato.

3. Gestisco l'operazione

Una volta entrato e messo lo Stop il grosso del lavoro è fatto. I passaggi successivi servono per consolidare i guadagni.

Se l'operazione non va nella direzione da me prevista in breve interviene lo Stop, ma a volte mi capita di chiuderla in anticipo e limitare ulteriormente la perdita.

Questo perché mi rendo conto che il mercato non mi sta dando ragione. In tal caso è inutile intestardirsi e spesso è meglio chiudere in anticipo l'operazione così da liberare energie mentali per concentrarsi sull'operazione successiva.

Questo punto purtroppo non ha una regola ben precisa e quando chiudere in anticipo lo potrai capire solo con l'esperienza, ma anche se non lo fai cambia poco visto che hai già posizionato lo Stop a protezione come definito dal pattern con cui sei entrato.

Se l'operazione invece va nella direzione da me prevista ci sono varie possibilità.

Il target minimo da raggiungere dovresti averlo già deciso ma nulla ti vieta di spostarlo più in alto, specialmente se i volumi ti fanno intuire che potrebbe verificarsi un movimento più ampio.

Prima di fare questa operazione però consolido i guadagni e lo posso fare in due modi.

Il primo modo è quello di spostare nella mia direzione il livello di Stop e portarlo a un valore che mi permetta di proteggere il mio guadagno ed evitare di trasformare un'operazione vincente in una perdente. Questo ovviamente lo fai solo quando il titolo è andato diversi tick oltre il nuovo valore di Stop. Nel momento in cui hai fatto questa operazione puoi alzare il target e dimenticarti dell'operazione perché comunque vada sarà già profittevole.

Il secondo modo è quello di lasciare lo Stop dove era posizionato all'inizio e vendere metà delle azioni comprate. In questo modo hai già consolidato parte dei guadagni e recuperato l'eventuale perdita dovuta al potenziale innesco dello Stop.

Questo secondo metodo lo preferisco perché, una volta preso il movimento, concede al titolo più possibilità di fluttuazioni repentine senza rischiare che vada in Stop.

A dire il vero c'è anche un terzo metodo che io non uso spesso ma che può essere utile per prendere ampi movimenti in operazioni multiday.

Consiste nel mettere uno Stop dinamico che insegue il valore del titolo e si posiziona a un valore (o una percentuale) predeterminata sotto al livello massimo raggiunto dal titolo stesso.

Sono tutti validi metodi ma per semplicità operativa, almeno all'inizio, ti consiglio di testarne e utilizzarne assiduamente uno solo. Il mio preferito è il secondo perché mi dà la possibilità di rientrare subito di parte del capitale, di consolidare immediatamente i guadagni e di lasciar correre l'operazione con il capitale rimanente lasciando la possibilità al titolo di fluttuare liberamente perché non ho alzato lo Stop ma l'ho lasciato nella posizione iniziale.

E con questo si conclude anche questo capitolo dedicato al mio sistema.

Nell'introduzione ti ho dichiarato esplicitamente che questo non è un libro tecnico e che ti avrei spiegato a grandi linee il percorso che ti consentirà di diventare un trader professionista e, allo stesso tempo, messo in guardia da tutti i pericoli che troverai lungo il cammino.

Credo sinceramente di aver mantenuto la parola, non trovi?

Manca solo una cosa. Ti avevo infatti promesso che nell'ultimo capitolo ti avrei indicato come puoi proseguire con me, avendomi al tuo fianco come mentore, e quali sono i passi che ho già preparato per te per diventare un trader profittevole nel minor tempo possibile.

Ed è quello che farò nel prossimo capitolo nel quale ti presenterò la Marsigliese – un insieme di pattern grafici ricorrenti da me teorizzati – e il Volume Profile, il metodo operativo che mi permette di guadagnare ogni giorno dai movimenti delle mani forti.

Capitolo 7

Come guadagnare dal mercato tutti i giorni

Complimenti, se sei arrivato a leggere fino a qui sei già decine di passi avanti a tutti coloro che iniziano a fare trading "allo sbaraglio", e ne sai già di più di quanto non ne sapessi io quando ho cominciato.

Tuttavia sai già di essere ancora lontano dal definirti un trader professionista e dal guadagnare dal mercato tutti i giorni.

Nelle prossime pagine ti mostrerò il percorso che ho preparato per, te per consentirti di diventare un trader profittevole. Prima però, voglio rispondere a un'obiezione che molti clienti mi hanno fatto.

"Ce la farò a seguire il tuo percorso e diventare un trader professionista? Non sarà troppo difficile?"

Caro aspirante trader, proprio perché sei arrivato fino qua dovresti già sapere come la penso.

In un mondo fantastico dove tutto è "facile e veloce" forse potrei azzardarmi a dirti "assolutamente sì, basta che compri i miei corsi e li guardi anche una sola volta distrattamente per diventare un professionista profittevole".

Purtroppo quel mondo fantastico non esiste.

Per diventare un trader professionista dovrai studiare e impegnarti per dei mesi.

Tuttavia il percorso che ho preparato è il più semplice e veloce possibile... in grado di trasformare chiunque in un trader professionista e profittevole.

Per qualcuno saranno sufficienti pochi mesi, per altri ci vorrà un po' più di tempo...
Questo non lo posso prevedere perché oltre che dal punto di partenza, dipende anche da quanto tempo e impegno una persona può dedicarci.

Diciamo che, in linea di massima, anche se dopo due o tre mesi di studio non potrai ancora definirti un trader professionista...

... non escludo che inizierai già a vedere dei piccoli risultati, anche se parti da zero.

I miei numeri parlano chiaro. I metodi che insegno e che io stesso utilizzo mi consentono di guadagnare tutti i giorni dai mercati finanziari.

A oggi ho formato più di 500 aspiranti trader e tutti coloro che hanno seguito passo passo i miei insegnamenti sono diventati dei trader profittevoli.

Chi sostiene di non aver ottenuto risultati è perché non ha realmente seguito il percorso formativo esatto che ho preparato.

Alcune settimane fa, un ragazzo si è lamentato sulla mia pagina facebook dicendo che il corso che aveva comprato non era servito a nulla.

Ho voluto immediatamente capire cosa gli aveva impedito di ottenere i risultati che si aspettava, ma prima di confrontarmi direttamente con lui ho controllato quali moduli del corso avesse seguito.

Già, probabilmente questo ragazzo non sapeva che la piattaforma che usiamo ci dà la possibilità di monitorare il percorso dei nostri studenti e, indovina un po'...

Questo ragazzo aveva visionato una sola volta meno del 20% del corso.

Capisci perché non ha ottenuto risultati?

Nessuno dei miei corsi fa miracoli e non basta acquistarli sperando di giovare passivamente dei loro effetti benefici. Proprio così non funziona.

Lo dico contro i miei interessi...
Se non hai tempo per studiare e applicarti lascia perdere.

Viceversa se davvero pensi che questa possa essere la tua strada sono convinto che il tempo lo troverai.

Nella peggiore delle ipotesi dovrai investire un po' di energie per riorganizzarti e liberare spazio nella tua agenda da dedicare allo studio del trading, ma nulla è impossibile per chi è veramente motivato.

Solo dopo aver allocato dello spazio in agenda per lo studio e la pratica sui mercati allora potrai intraprendere serenamente il percorso per diventare un trader profittevole.

Fatte queste doverose premesse è arrivato il momento di introdurti i due corsi di cui ti voglio parlare: "La Marsigliese" e il "Volume Profile".

7.1 – La Marsigliese

Lascia che ti presenti la Marsigliese, quella che reputo la miglior tecnica per traders senza tempo.

È un pattern grafico con 8 differenti tipologie di ingresso short e altrettante long.

Come puoi immaginare, con così tante tipologie di ingresso, potresti individuare occasioni anche osservando solamente per qualche minuto il grafico.

Ma non è questo il motivo per cui è una tecnica salvatempo.

Il vero vantaggio della Marsigliese è che opera sulle aperture delle candele.

Se quindi il trading non è il tuo lavoro principale e gli impegni non ti permettono di controllare il grafico durante la giornata, puoi osservare il mercato durante l'apertura e lavorare su timeframe daily.

Se invece puoi fare delle pause durante la giornata, puoi operare su timeframe a 4 ore.

Sai che probabilmente potresti entrare a mercato su S&P500, Nasdaq, Dow Jones, ecc., alle 15.30 e alle 19:30,

Sul Dax, FtseMib ecc, invece puoi controllare l'apertura delle candele delle 9:00, 13:00, 17:00.

Sulle valute invece puoi controllare il grafico alle 7:00, 11:00, 15:00, 19:00, 23:00, 03:00

Se invece ti puoi concedere qualche minuto di tempo ogni ora, puoi utilizzare il grafico con timeframe orario.

Questa tecnica ti permette di eseguire operazioni osservando il grafico con un timeframe ridotto fino ai 15 minuti.

Sotto questo timeframe, spesso ci sono falsi segnali, con un rapporto rischio/rendimento troppo basso.
É oggettivamente il metodo più intelligente per eseguire operazioni senza essere costretto a osservare i grafici per ore.

Quando la sveglia ti ricorda che potrebbe essere l'ora dell'operazione, controlli i tuoi mercati preferiti e se ci sono le condizioni, inserisci l'ordine con relativo stop loss e take profit.

Questo pattern permette di operare su qualunque timeframe. Ovviamente, come ho già detto in questo libro, ogni strumento finanziario necessita di essere studiato e la tecnica va contestualizzata in base alle peculiarità dello strumento in esame.

È una delle mie tecniche preferite perché spendendo pochi minuti davanti ai grafici, permette di individuare ingressi con una percentuale di successo che varia tra il 68% e il 74%.

E con un rapporto rischio/rendimento spesso superiore a 1 a 5.

Quest'ultimo è dovuto sia per i grossi trend che è possibile intercettare, partendo esattamente dal punto di inversione del mercato, ma anche perché la tecnica utilizza stop loss di massimo 5 tick.

Se ti stai chiedendo come tutto questo sia possibile, beh il motivo è molto semplice.

La Marsigliese è una tecnica che rispetta i 3 movimenti dei mercati finanziari.

Rispetta i movimenti fisiologici, in quanto si entra sugli eccessi, in direzione dei prezzi di equilibrio.

È fedele alla matematica dei mercati finanziari.

Ma soprattutto è nata dopo un'attenta osservazione dei volumi.

È una tecnica che nasce infatti dai movimenti manipolatori e repentini delle mani forti.

Se hai mai osservato le fluttuazioni che si verificano durante gli eccessi di mercato, e quindi sui massimi e minimi intraday, ti sarai accorto che il prezzo in quei casi si comporta in modo differente.

Infatti, in quel frangente il mercato è dominato dalle mani forti...

e grazie alla Marsigliese saprai esattamente come entrare a mercato, sfruttando la potenza di fuoco delle grandi super potenze che manipolano i mercati finanziari.

Per dare modo a ogni mio studente di comprendere ogni dettaglio della tecnica, ho inserito all'interno del corso:

- **il ragionamento logico della Marsigliese.** Conoscerlo non solo ti permetterà di entrare a mercato con maggior sicurezza, ma anche di elaborare in autonomia tue strategie.

- **8 tipologie di ingressi short e 8 long** per eseguire decine di operazioni in gain al giorno. Mentre tutti gli altri attendono tutta la giornata per fare una singola operazione, tu potrai trovare un'ottima occasione in meno di 30 minuti.

- Come utilizzare i timeframe Daily e H4 **per fare trading con profitto spendendo solamente qualche minuto al giorno** davanti ai grafici. Potrai così spendere il resto della giornata a lavorare su altri progetti o dedicarti ai tuoi hobby.

- Come sfruttare la Marsigliese per prendere le inversioni di mercato e **guadagnare dai trend intraday, ma anche da quelli settimanali.**

- L'utilizzo corretto dei timeframe bassi, **per eseguire continui ingressi e uscite intraday.** Così che tu possa guadagnare quotidianamente dai mercati finanziari.

- Il momento di ingresso perfetto per **eseguire operazioni con Stop Loss di 5 tick,** rischiando così una percentuale irrilevante del tuo capitale.

- Come tenere aperta una posizione, per riuscire a **prendere ogni tick di un trend.**

- Imparerai a contestualizzare l'operatività su Cfd e sui Future, per iniziare a fare trading mettendo a rischio capitali ridotti.

- Dove posizionare lo Stop Loss.

- Quando mettere lo Stop Loss in pari per **azzerare l'esposizione al mercato nel minor tempo possibile.**

- Come gestire i contratti per **guadagnare il massimo nel modo più sicuro possibile.**

- Cosa osservare del book per entrare a mercato e **minimizzare il rischio di perdere.**

- Come gestire al meglio emozioni, pensieri, dubbi e diventare disciplinato sui mercati finanziari.

- **Guadagnare sui gap di mercato**, sfruttando la Marsigliese.

- Come gestire le operazioni per guadagnare il massimo, rischiando il minimo e raggiungere rapporti rischio/rendimento superiori a 1 a 5.

- Quali sono gli strumenti finanziari migliori per operare con la Marsigliese.

- Decine di esempi pratici della tecnica, in ogni sua variabile.

- E molto, molto altro.

E non mi sono limitato qui, perché so che un corso di 60 lezioni (in continuo aggiornamento) potrebbe far nascere ai traders dubbi che possono mettere seriamente a repentaglio i profitti.

Per questo motivo, oltre ad aver reso semplici concetti complessi e aver inserito decine di esempi pratici, ho messo a disposizione a ogni cliente la possibilità di confrontarsi con un tutor nella chat sottostante a ogni videolezione.

Se hai intenzione di acquistare la marsigliese puoi contattarmi sui social, tramite l'email info@topborsa.com o dal sito topborsa.com o chiamare l' 800 681 999.

7.2 – Il Volume Profile

Questo è l'ultimo corso che ho registrato in termini di tempo ma il primo da cui ti consiglio di iniziare.

I Volumi di scambio di un titolo rappresentano il numero di quote scambiate di un certo strumento finanziario.

Sono loro l'unica e vera causa che muove il prezzo di un determinato strumento finanziario.

Se una grande quantità di contratti viene venduta, il prezzo di quello strumento crollerà, viceversa se una grande quantità viene comprata il prezzo dello strumento salirà.

Inoltre, la presenza di un'alta concentrazione di volumi in una determinata area, indica che in quel range di prezzo i compratori e i venditori si sono trovati d'accordo sul prezzo.

Quella pertanto diventa un'area di equilibrio del mercato e questa informazione è oro puro per un trader.

Devi sapere infatti che nel corso delle contrattazioni si formano diverse aree di equilibrio, e saperle identificare è importante perché il prezzo di un titolo o staziona in una di queste aree oppure si stacca da un'area per raggiungerne un'altra.

Non voglio addentrarmi ora in dettagli troppo tecnici, per quelli ci sarà tempo.

Per ora ti basti sapere che, se sei già un trader, l'utilizzo dei volumi sarà per te un game changer che ti farà vedere il mercato come non l'avevi mai visto prima.

Potrai continuare a utilizzare i pattern grafici che già conosci, ma contestualizzarli grazie ai volumi ti consentirà...

- di determinare in modo scientifico il livello di target desiderato,

- di fare entrate millimetriche e posizionare stop ridicoli,

- di aumentare conseguentemente il rapporto rischio rendimento del trade (e saperlo facilmente calcolare)...

- ultimo, ma non per importanza, di alleggerire la pressione psicologica della tua operatività.

Viceversa se non sei ancora un trader, capire la logica con cui si muovono i prezzi e capire come operano le Mani Forti, ti consentirà di diventare un trader profittevole nel più breve tempo possibile, senza dover studiare teorie obsolete o usare indicatori assurdi.

Il Volume Profile è un corso incentrato unicamente sui volumi il cui scopo è quello di farti capire dove entrare guardando solamente i volumi di scambio e guardando come gli istituzionali si stanno posizionando sul mercato...

Più in dettaglio, grazie a questo corso...

- Sarai in grado di individuare in modo preciso dove gli istituzionali hanno accumulato degli ordini e capirai perché lo hanno fatto...

- Individuerai a colpo d'occhio le zone di sbilanciamento del mercato, i diversi livelli di equilibrio a cui il mercato può tendere e riuscirai quindi a intercettare gli ampi movimenti che scaturiscono dal fisiologico riequilibrio del mercato.

- Imparerai a usare i miei pattern grafici di maggior efficacia contestualizzati con i volumi. Questo significa che, delle potenziali entrate a mercato individuate tramite i pattern grafici, sarai in grado di selezionare solo quelle più sicure e redditizie.

- In altre parole sarai in grado di effettuare in modo quasi scientifico delle operazioni con Stop ridicoli e Target estremamente ambiziosi.

Il risultato di tutto ciò sarà quello di riuscire nel giro di poco tempo a lavorare in Borsa in modo sereno, senza subire l'emotività che causa la bancarotta della maggior parte dei trader, ed essere profittevole.

Posso dire senza timore di smentita che il Volume Profile è un corso eterno perché possono cambiare gli strumenti finanziari, possono cambiare le piattaforme, possono cambiare le leggi che regolamentano i mercati, ma i princìpi che li fanno muovere non cambieranno mai.

Una volta assimilati i princìpi, non sarai più vittima dei tranelli delle Mani Forti ma riuscirai a sfruttare la loro operatività per guadagnare tutti i giorni dai mercati.

Se hai intenzione di acquistare il Volume Profile puoi contattarmi sui social, tramite l'email info@topborsa.com o dal sito topborsa.com o chiamare l' 800 681 999.

Terminata questa breve parentesi promozionale lascio la parola a qualche mio studente che ha accettato di raccontare come si è avvicinato al mondo del trading, che difficoltà ha vissuto e come le ha superate. Spero che leggere le loro storie ti possa essere d'ispirazione e d'aiuto nel tuo viaggio per diventare un trader professionista.

7.3 – Interviste ai traders

Intervista a Ugo Caporossi

Sono interessato al mondo della finanza da molti anni. Prima del 2009 facevo qualche investimento ma erano operazioni da cassettista, cioè compravo dei titoli che mi sembravano buoni e li tenevo in portafoglio per un po' di tempo, anche dei mesi, prima di rivenderli.

Nel 2009 stavo ragionando sul fatto di provare a passare a un'operatività più veloce, quando mi imbatto in un evento organizzato da IW Bank, durante il quale avrebbero presentato la loro piattaforma di trading.
Poteva essere quello che mi serviva per il cambio di operatività e decido di iscrivermi.

È a quell'evento che ho conosciuto Paolo. In una dimostrazione, durata poco più di un quarto d'ora, ha mostrato alle persone in sala le potenzialità della piattaforma, e la cosa più sorprendente è che lo ha fatto mentre operava direttamente in Borsa con soldi reali.

Non ricordo esattamente la cifra che guadagnò in quel lasso di tempo ma ricordo benissimo che, mentre ci spiegava il funzionamento della piattaforma, con molta nonchalance aveva chiuso una serie di trade profittevoli.

Solo anni dopo scoprii quanto è difficile trovare un formatore che ti mostra la sua operatività in reale, e a essere precisi, a parte Paolo, io non ne ho conosciuti altri.

Inutile dire che in quell'occasione rimasi affascinato da Paolo, dalla sua competenza e dalla sua professionalità.

Da quel giorno ho avuto immediatamente voglia di conoscerlo di persona e fare un corso da lui.

Purtroppo però, gli unici corsi che Paolo teneva erano a Cavarzere, in provincia di Venezia, mentre io abitavo a Roma. All'epoca non potevo permettermi il costo del corso sommato a tutti i costi di trasferta.

Tra il lavoro e la mancanza di soldi rimandai fino al 2016. In quel periodo persi il lavoro ma tutto sommato me la passavo bene e avevo messo da parte un po' di denaro.

Non so come spiegartelo ma in quel periodo sentivo che per me si chiudeva un'epoca e avevo voglia di dare una svolta alla mia vita.

Decisi quindi di andare da Paolo e frequentare il suo corso.

A quattro anni di distanza mi piacerebbe dirti che dopo il corso ho iniziato immediatamente a guadagnare infilando un trade profittevole dietro l'altro, ma non è così.

Io ci ho messo parecchio tempo a diventare profittevole, e anche adesso che la maggior parte dei miei guadagni derivano dal trading, non nascondo che arrotondo anche con altri lavori.

Dal punto di vista tecnico non ho nessun problema. Anzi, guardando i grafici riesco a dirti cosa è successo, cosa sta succedendo e come, molto probabilmente, si muoverà il titolo.

Purtroppo però, quando devo operare mi faccio prendere dall'emozione ed è come se spegnessi il mio cervello razionale. Questa cosa per me è stata la più difficile da superare e, sebbene abbia fatto molti progressi, ci sto ancora lavorando.

Secondo la mia esperienza tutti coloro che ti dicono che basta un corso per iniziare subito a guadagnare, ti stanno mentendo spudoratamente.

Come spesso dice Paolo, il trading è un lavoro, e come tale ci vuole tempo per impararlo.

Ci sono anche delle persone che il primo periodo guadagnano bene...

Tuttavia non avendo appreso un metodo di lavoro con regole ferree, è solo questione di tempo prima che si brucino.

Io, invece, grazie agli insegnamenti di Paolo, ci ho messo un po' a diventare consistente nei guadagni ma non ho mai messo a rischio il mio capitale.

Adesso vivo a Londra da circa tre anni. Tuttavia, quando riesco a prendermi del tempo, vado volentieri a trovare Paolo nella sua sala trading per passare un po' di tempo con lui e sentire qualche suo aggiornamento.

Sì perché Paolo è in continua evoluzione. I suoi princìpi rimangono immutati ma i pattern e le tecniche evolvono e si aggiornano costantemente.

Questo è il suo più grande pregio. La sua enorme passione per il trading e il continuo e meticoloso studio dei grafici e dei mercati lo rendono un trader in continua evoluzione.

Questo è allo stesso tempo anche il suo più grande difetto. Paolo ha una conoscenza sterminata dei mercati e a volte è davvero difficile stare dietro ai suoi ragionamenti.

Lo vedi che vorrebbe dirti tutto quello che sa, ma spesso sono troppe cose tutte insieme e non riesce a essere sufficientemente chiaro per un principiante.

D'altro canto, come ammette lui stesso, Paolo è un trader e non un formatore. Il fatto di doversi impegnare un po' di più per assimilare tutto quello che ha da trasmetterti, è abbondantemente ripagato dai benefici che ne trai imparando da chi guadagna veramente dai mercati tutti i giorni.

E poi da quando l'ho conosco non l'ho mai visto negare una spiegazione o un chiarimento a chi glielo ha chiesto. Paolo ha una pazienza infinita ed è sempre pronto ad aiutare chi si trova in difficoltà o chi non ha compreso qualcosa.

Intervista a Giulio Capello

Sono laureato in economia ma di trading non ne sapevo nulla, anzi l'ho scoperto quasi per errore circa 4 anni fa.

C'era un broker che faceva da sponsor alla mia squadra di calcio del cuore e così, per gioco decisi di aprire un conto e investire ben 250 € con loro. Fatto sta che i commerciali di questo broker erano alquanto accaniti e continuavano a telefonarmi per convincermi a investire altro denaro.

All'epoca conoscevo già Paolo perché siamo compaesani. Sapevo cosa faceva e che era una forza nel suo lavoro ma non aveva mai attirato il mio interesse.

Fino a quel momento almeno.

Vista l'insistenza del broker volevo investire delle cifre più alte e decisi quindi di andare a trovare Paolo nella sua sala trading per chiedergli consigli.

Si rifiutò di darmeli e mi disse:

"Lascia stare tutto. Se inizi a investire senza avere le giuste conoscenze rischi di farti del male. Se veramente sei deciso a fare trading allora vieni qui, fai i corsi e io ti insegnerò tutto quello che ti serve per guadagnare ogni giorno dai mercati"

Paolo mi aveva convinto. Feci i suoi corsi e da quel momento non abbandonai più la sua sala trading.

Negli ultimi quattro anni e mezzo ho vissuto in prima persona tutti i cambiamenti e le evoluzioni dei percorsi di Paolo. Ora sono uno dei suoi tutor e questo mi dà il grosso privilegio di essere quotidianamente al suo fianco e poter continuare a imparare da lui e scoprirlo come persona.

In questi anni Paolo ha investito parecchio del suo tempo per migliorare i suoi corsi in aula e per creare i video corsi a Marsigliese e Volume Profile.

Questo mentre continuava *tradare* ogni giorno.

Ammiro la sua determinazione. Se decide di fare una cosa lui la fa e basta.

La mattina è già in sala alle 7:30 e alle 8 ha già fatto gran parte dell'analisi di mercato. Alla chiusura dei mercati non sempre va subito a casa. Se c'è da fare impresa e creare valore lui non si tira indietro e si ferma per tutto il tempo necessario.

Allo stesso modo non si tira indietro se uno studente è in difficoltà.

Io ci ho messo un po' a imparare questo mestiere ma da suo ex studente ti posso garantire che se hai l'obiettivo di diventare un trader che guadagna tutti i giorni dai mercati, Paolo può aiutarti a raggiungerlo.

Però devi essere paziente e determinato perché questo è un lavoro che nasconde parecchie insidie e ognuno di noi ha bisogno di tempi diversi.

A vedere Paolo sembra tutto facile ma credimi che non lo è per niente.

Lui ha una capacità di analisi e di elaborazione che sono fuori dall'ordinario. Tutt'ora ci sono dei momenti in cui mi sento inadeguato.

Tuttavia è normale che sia così visto che Paolo ha più di vent'anni di trading alle spalle.

Devi essere disposto a prenderti il tempo necessario.

Ognuno di noi ha una propria forma mentis e c'è chi può apprendere in tempi più brevi e chi in tempi più lunghi.

Se stai leggendo questo libro hai la fortuna di aver scoperto un mentore che insegna ai suoi studenti cose che nel tempo si concretizzano in guadagni costanti.

Devi solo metterci una buona dose di impegno, pazienza e disciplina e stai certo che anche tu otterrai dei risultati di cui andare fiero.

Intervista a Biagio Carrella

Ho iniziato a pensare seriamente di diventare un trader professionista circa un anno e mezzo fa. Prima di allora era un mondo che mi attirava ma non avevo mai preso in considerazione seriamente l'idea di diventare trader.

Poi non so cosa sia successo, fatto sta che ho iniziato a valutare attentamente l'idea di diventare un trader professionista e così mi sono iscritto al primo master di analisi tecnica che mi sembrava valido.

Al master ho imparato tante cose interessanti ma, al lato pratico, erano più le volte che perdevo rispetto a quelle che guadagnavo. Per fortuna che non mi ero fatto prendere la mano e ci ero andato molto cauto.

Però così non potevo andare avanti. Mi serviva qualcuno che mi insegnasse il mestiere. Qualcuno che lo facesse veramente come lavoro, non uno che vivesse insegnando nozioni che lui stesso non era in grado di applicare nel mercato reale.

Sai com'è il detto...

Quando l'allievo è pronto il maestro compare.

Per caso ho scoperto Paolo grazie alla sua pagina Facebook e al suo canale YouTube. Sono stato immediatamente affascinato dalla sua grande professionalità ed esperienza ma quello che mi ha colpito di più è stato vederlo operare, in diretta, sul suo conto reale, con soldi reali. Fino a quel momento non avevo visto nessuno che mostrasse i propri guadagni.

Ho seguito Paolo da remoto per circa tre mesi e poi ho deciso di iscrivermi al suo master di primo livello.

Io sono di Napoli ma in quel periodo vivevo a Bali. Invece di tornare a Napoli e andare da Paolo solo i giorni dei corsi, decisi di affittare una casa vicino a Cavarzere in modo da poterlo seguire da vicino.

Fu una delle scelte migliori della mia vita.

Il metodo di Paolo è stato un Game Changer per me e i pattern grafici che insegna sono a dir poco spettacolari.

Frequentavo spesso la sala trading di Paolo e lavorando in demo guadagnavo dai 200 € ai 1000 € al giorno. Dopo aver acquisito una certa continuità sono passato in reale e, come spiega Paolo, le cose sono cambiate un po'. Grazie all'applicazione disciplinata del metodo di Paolo non ho mai intaccato il mio capitale, tuttavia i guadagni sono scesi brutalmente.

A me sembrava di lavorare nello stesso identico modo di prima, ma evidentemente doveva esserci qualcosa di diverso.

Mi ricordo che in quel periodo ero un po' abbattuto perché il trading mi appassionava veramente ma i risultati che stavo ottenendo non mi consentivano di farne il mio unico lavoro.

Una sera, dopo una sessione andata peggio del solito, mi trovai con il morale sotto i piedi e me ne andai dalla sala di Paolo trascinandomi faticosamente.

Quella stessa sera però ricevetti un messaggio che mi diede il coraggio per andare avanti. Era un messaggio di Paolo che diceva:

"Forza Biagio. Vedrai che ce la farai. Hai talento e io credo in te"

Quel messaggio era proprio quello che mi serviva in quel momento.

Mi feci coraggio e il giorno dopo tornai in sala trading. Però non operai immediatamente. Avevo preso la buona abitudine di registrare le mie sessioni di trading ma, nella foga di fare trading, non mi ero ancora preso il tempo per analizzarle a mente fredda. Mi presi quel tempo e confrontai le sessioni in demo con quelle in reale.

Il motivo per cui avevo smesso di guadagnare era lampante. Non stavo lavorando nello stesso modo. L'emotività di operare con soldi veri mi stava giocando un brutto scherzo.

In effetti mi ero reso conto di essere più teso. Non ero freddo e distaccato come quando operavo in demo e ogni volta che dovevo entrare a mercato sentivo i battiti del cuore accelerare e il respiro farsi più veloce e superficiale. Evidentemente non ero in grado di controllare questa cosa.

Iniziai allora a guardare il corso sul Mindset che Paolo mi aveva regalato con l'acquisto del Volume Profile. Lo guardai più e più volte cercando di portare nella mia quotidianità le cose che imparavo.

Pian piano mi sbloccai e iniziai a guadagnare.

Adesso non mi considero ancora un trader professionista, anzi ho ancora molto da imparare. In questo momento devo ancora finire il master di primo livello con Paolo ma sono già profittevole quasi tutti i giorni.

Anche se guadagno ancora poco, la sensazione di chiudere in positivo tutte le settimane è fantastica. Adesso uso solo i pattern grafici perché non abbiamo ancora affrontato il discorso Volumi. Non oso immaginare quando lo faremo come potranno salire i guadagni.

Sono molto grato a Paolo per quello che mi ha insegnato e per essermi stato vicino nei momenti di difficoltà. La mia strada è ancora lunga ma so di aver trovato il giusto mentore da seguire.

Sono convinto che chi segue i corsi di Paolo e non guadagna, semplicemente è perché non fa quello che Paolo spiega. Qualcuno crede di saperne più di lui e fa di testa sua (peggio per lui), qualcun altro semplicemente, deve lavorare sul suo mindset come ho fatto io e come sto continuando a fare.

Intervista a Marco Santambrogio

Ciao,
mi chiamo Marco e sono nato nel '72.
La prima volta che ho scoperto i mercati finanziari ero molto piccolo.
All'epoca guardavo i numeri delle quotazioni dei titoli sui giornali che comprava mio padre.

E mi segnavo quelle che a mio avviso erano più interessanti.

Il mio criterio di selezione? Il nome. Se un titolo azionario aveva un nome che mi suonava bene in testa, lo segnavo su un blocchetto per gli appunti e scrivevo la quotazione.

Dopo qualche giorno ricontrollavo il titolo per vedere se avevo avuto fortuna o no.

Ricordo che ero alle medie quando realizzai di avere una spasmodica passione per i mercati finanziari.

Quando i miei compagni leggevano Tex, io sfogliavo qualche

libro di finanza.

Quando i miei amici leggevano la gazzetta dello Sport, io leggevo il Sole 24 Ore.
Quando gli altri guardavano sitcom, io mi sintonizzavo sui programmi di commentatori dei mercati finanziari.

Perchè facevo tutto questo? Passione. Nient'altro che passione. Era un mondo che non comprendevo e proprio per questo mi affascinava.
Forse volevo stare al tavolo dei grandi?
Non lo so.
Ricordo però che nonostante mi informassi assiduamente sui mercati finanziari, non lo vedevo come un lavoro.

Finiti gli studi infatti, scelsi lavori che nulla avevano a che fare con questo settore.

Tuttavia, negli anni, dopo essere riuscito a risparmiare un gruzzoletto, mi si è accesa la voglia di provare a mettere a frutto gli anni di studio appassionato.

Caricai quindi il mio primo conto di trading e iniziai ufficialmente l'avventura.

Facevo analisi fondamentale e per ogni titolo facevo qualunque tipo di valutazione.

Controllavo i bilanci,
Il mercato,
La concorrenza,

Il prezzo stesso dell'azione.

Insomma, se comprendevo che un'azione era svalutata e aveva un grande potenziale di crescita, entravo a mercato senza fare una particolare attenzione ai livelli d'ingresso.

Un po' come fanno molti investitori. Mi concentravo sui futuri guadagni e non sulle immediate perdite.

Era l'unica operatività profittevole che conoscevo.
E anche la sola che credevo di poter gestire con un altro lavoro a cui badare.
Infatti in quegli anni, il 90% del tempo lo dedicavo a un altro lavoro, che non aveva nulla a che vedere con i mercati finanziari.

Era un'operatività obbligatoria. Non potevo stare molto sui grafici, visto che dedicavo il 90% del tempo al mio lavoro principale.

Inizialmente pensavo che sarei stato soddisfatto anche se in un anno fossi riuscito ad aumentare il mio conto di trading di una manciata di punti percentuali.

Ma entrai in uno strano e proficuo vortice.
Raggiunsi infatti molto in fretta l'obiettivo.

Così scelsi di alzare l'asticella un po' più in alto.

Mi sono quindi messo a studiare più intensamente per cercare di investire con criteri sempre più raffinati e profittevoli, arrivando nel 2006 a raggiungere compensi che mi permettevano di vivere grazie ai mercati finanziari.

Così, in quell'anno faccio il grande passo.

Un astronauta quando sale su uno shuttle non riesce a realizzare fino in fondo che si sta dirigendo sulla Luna fino a che mette piede sul satellite.

Allo stesso modo, io non ho mai realizzato che il primo investimento fatto mi avrebbe portato a fare il lavoro che mi appassionava da sempre.

Mi licenzio e inizio a vivere di trading.

Tutto procedeva molto bene. Finalmente avevo il tempo necessario per ragionare meglio sugli investimenti.

Ma di lì a poco mi rendo conto che i margini di miglioramento sugli investimenti a lungo termine erano minimi.

Avevo il tempo a disposizione per potermi dedicare anche ad altri tipi di operatività, così scelgo di voler approfondire il trading intraday.

Un lavoro che mi affascinava, ma del quale non sapevo molto, visto che tutti i libri che contengono informazioni intelligenti, sono utili per l'operatività di lungo periodo.

Inizio quindi a guardarmi attorno, alla ricerca di un mentore.

All'epoca durante le ore di lavoro avevo sempre un monitor

dedicato ai canali informativi, come CNBC, MilanoFinanza, ecc.

Ascoltavo le notizie, le interviste e i pareri degli esperti.

Era però un ascolto prevalentemente passivo.
Molti interventi non mi facevano impazzire. Così spesso preferivo dedicare la maggior parte dell'attenzione agli altri monitor. Quelli in cui c'erano i grafici che facevano un continuo su e giù.

Un giorno, nel pieno di una sessione di valutazione di un nuovo titolo, una frase particolare esce dalle casse del monitor dedicato ai canali di dibattiti finanziari.

Mi colpì particolarmente la voce di un trader che disse:

"I miei metodi sono basati sul minimizzare la perdita".

Illuminante.

Per la prima volta ho avvertito istantaneamente che dall'altra parte dello schermo c'era un vero professionista.
Uno che manteneva il suo stile di vita grazie agli eseguiti su mercati finanziari.
Inizio quindi ad ascoltare meglio la trasmissione e mi accorgo di un altro particolare interessante.

Generalmente, in alcune trasmissioni, i conduttori affrontano le interviste con una certa leggerezza.
Invece, con Paolo questo non accadeva.
Erano tutti interessati alle sue analisi, alla persona, al suo metodo di trading.

Insomma, ogni qualvolta Paolo entrava in scena, tutti tiravano fuori il taccuino degli appunti.

Però, come mio solito non mi sono fidato subito di lui. Ho continuato a seguire le sue apparizioni, ho letto le sue analisi e mi sono segnato i livelli che dava.

I riscontri furono devastanti, e il suo stile di trading era esattamente quello che cercavo.

Dopo una serie infinita di prove schiaccianti della sua bravura, e dopo aver letto il suo libro "the Scalper", decido di acquistare il suo corso.

Nonostante facessi trading da ormai diversi anni, ogni sua nozione era una novità. Le sue parole non hanno mai pronunciato frasi scontate o scopiazzate da qualche parte.

Si vedeva che tutto ciò che diceva era il condensato di anni di carriera in questo settore.

Mai mi sono sentito così tanto uno studente.
Sembrava che avessi appena comprato la mia prima racchetta da Tennis e avessi come insegnante il Federer dello Scalping.

Concluso il corso ho provato fin da subito a fare trading in demo con il suo metodo.

All'epoca ho partecipato a un corso live, nella sua sala trading di Cavarzere.
Sono un tipo che ci prova subito.
Così, dopo aver concluso la cena fatta con Paolo e tutti i corsisti,

ho provato verso le 22 a fare la prima operazione con gli insegnamenti che avevo appena acquisito.

In profitto.

Da questa prima operazione nasce la mia carriera anche come trader intraday.
Oggi, il 99% delle operazioni che eseguo sono impostate secondo il metodo di Paolo.

Nel quotidiano faccio i compiti la sera prima e preparo i livelli che il giorno dopo potrebbero essere interessanti.

Prima dell'apertura dei mercati, controllo come hanno chiuso i mercati di riferimento.

Dopo di che, inizio a guardare il pre-asta e l'asta.

Da questo momento in poi inizia la giornata operativa e in media faccio in intraday una decina di operazioni al giorno con le azioni.

Il resto delle operazioni invece, sono principalmente gestioni dei titoli che faccio seguendo il mio personale metodo di analisi fondamentale.

Dire che sono soddisfatto dei soldi spesi per i corsi di Paolo è riduttivo.
Ho letteralmente moltiplicato più volte il mio capitale operativo e ogni anno i miei compensi sono sempre maggiori.

Non poteva essere altrimenti, visto che condensa nei suoi corsi il meglio dei suoi 22 anni di esperienza.

Seguo alla lettera le nozioni che mi ha dato Paolo. Anche quelle sul Mindset.

Le perle che lo caratterizzano di più sono:

"A volte è meglio capire perché hai preso lo stop, che guadagnare senza capirlo".

"Nel giorno in cui ti sentirai di aver capito il mercato, prenderai una scoppola che la ricorderai per sempre."

Per questo motivo studio i mercati finanziari ogni giorno, ed eseguo le operazioni con umiltà, senza credere di essere il nuovo Re Mida.

E onestamente, credo che questo sia il miglior consiglio che possa dare a chiunque voglia fare del trading il proprio lavoro. Anche quando faccio una serie molto lunga di trades in profitto.

Studiare e osservare. Studiare e osservare. Studiare e osservare.

Non credo che il trading sia un mondo dove solo i talenti possono ottenere grandi soddisfazioni dai mercati finanziari.

Al contrario, sono certo che lo studio intenso e costante possa permettere a chiunque di ottenere il massimo dei risultati.

Ovviamente è inutile dire che le analisi si devono basare su metodi testati e funzionanti, come quelli di Paolo.

Posso permettermi di essere il caso vivente che lo studio porta guadagno.
Non ho alcun talento matematico e non ho mai avuto intuizioni particolarmente geniali.
Non ricevo neanche segnali da insider.

Nonostante ciò, guadagno costantemente dai mercati finanziari.
Perché studio e ho come solida base il metodo di Paolo.

Mi auguro che la mia storia possa essere utile a molte persone che in questo momento fanno un lavoro che non gli piace e vorrebbero vivere grazie ai mercati finanziari.

Io sono riuscito in questa impresa. Ci ho messo tanto tempo, ma purtroppo non conoscevo ancora Paolo.
Sono convinto che se lo avessi conosciuto prima, probabilmente sarei riuscito a raggiungere l'obiettivo in meno tempo.

Ti auguro quindi che lo studio possa portarti a raggiungere il tuo obiettivo. Qualunque esso sia.

Marco Santambrogio.

Intervista a Massimo Gaspari

Mi chiamo Massimo,
e sono l'allievo che segue da più tempo Paolo, in quanto ho

letteralmente iniziato a fare trading assieme a lui e un altro ragazzo.

Ricordo che era il 1998 e ai tempi quando si inserivano gli ordini a mercato, era necessario attendere 25 secondi, prima che venissero eseguiti.

Noi tre siamo quelli della prima ora. Ragazzi volenterosi che non avevano però riferimenti da poter seguire.

Quando abbiamo iniziato, fare trading significava acquistare ogni mattina il Sole 24 Ore, osservare i titoli azionari che erano in caduta libera da qualche giorno e, al primo segnale di ripresa, chiamare la banca per acquistare il titolo.
Sempre di prima mattina.
E se per caso il titolo scendeva più del previsto, mediavamo il prezzo e la sera vendevamo, macinando sempre profitti.

Indicativamente, fino alle 14:30-15:30 si comprava, mentre dalle 16:00 in poi si vendeva.

La facilità di guadagno sui mercati finanziari mi ha permesso di imparare a conoscerli a fondo e gestire tutti i mutamenti, mentre già guadagnavo.

Ho avuto quindi la fortuna di diventare un trader professionista perché mi sono trovato nel posto giusto al momento giusto.

Oggi è oggettivamente molto più complicato rispetto a 22 anni fa, ma ho maturato l'esperienza necessaria per poter affrontare al meglio anche le situazioni più avverse.

Ciò detto, preciso che ho dovuto imparare tutto da solo, come ha fatto Paolo.

Mentre invece oggi esiste molta formazione a disposizione che potrebbe permettere a chiunque di bruciare le tappe.

Paolo e io abbiamo imparato assieme a ottenere **quotidianamente** profitti dai mercati finanziari e anche quando il mercato si è evoluto, ci siamo confrontati per guadagnare con nuovi approcci.

Solo che nel tempo, abbiamo preso strade operative differenti.

O meglio.

La metodologia che utilizziamo è sempre la stessa, ma applichiamo un approccio al mercato differente.

Abbiamo infatti una propensione al rischio differente. Eseguiamo operazioni cercando target diversi e inserendo stop loss su punti che spesso non combaciano.

Abbiamo degli strumenti finanziari preferiti diversi.

Da sempre io eseguo un decimo delle operazioni che fa Paolo.

E il bello del suo metodo è proprio questo.

Permette di adattarsi alle esigenze del trader, come se fosse un vestito sartoriale creato su misura per la persona.

La sostanziale differenza che c'è tra me e lui è che Paolo ama stare dentro al mercato tutto il giorno.

Mentre io sono il contrario.

Preferisco starci dentro meno tempo possibile ed eseguire solo le operazioni con la più alta percentuale di successo e il miglior rapporto rischio rendimento.

Questa selezione oculata, negli anni mi ha permesso di essere soprannominato "il cecchino".

Eseguo infatti circa 10 o 15 operazioni al giorno, con una percentuale di successo abbastanza elevata.

Tanto da permettermi di chiudere ogni giornata in positivo.

O meglio, quasi ogni giornata.

Ci sono giorni in cui chiudo in pari.

L'importante è che non chiuda in perdita.

Mi sono infatti reso conto che quando accettavo di chiudere le giornate in negativo, era un'agonia.

La sera ero nervoso, teso, irritabile e mi accorgevo che in quelle occasioni non vivevo molto bene.
Inoltre, il giorno seguente avevo la frenesia di entrare a mercato e recuperare le perdite più velocemente possibile.

Spesso la psicologia giocava brutti scherzi ed entravo in un brutto circolo vizioso dal quale non era semplice uscire.

Riuscire a guadagnare tutti i giorni, o quasi, non è stato facile e neanche veloce.

Credo però che il fattore chiave sia stato quello di aver definitivamente imparato a inserire stop stretti e a non levarli se il mercato non va immediatamente dove dico io.

Ogni operazione che faccio è quindi molto ragionata. Osservo il mercato a lungo prima di eseguire l'operazione.

Solo quando si muove esattamente come dico io, millimetro per millimetro, tick dopo tick, clicco con il mouse ed entro a mercato fiducioso sull'operazione.

Certo che se mantiene le aspettative, otterrò un profitto degno di nota.

Nello specifico, le mie operazioni hanno uno stop loss di 2-3 tick e ricerco un gain di 10-12 tick.

Mi spingo fino a 5 tick di stop loss quando vedo che il mercato mi può dare almeno 15 tick di profitto.

Paolo invece ha un approccio differente.

È appassionato del mercato e ha voglia di starci dentro quanto più tempo possibile.
È un ricercatore di segnali di ingresso.
Studia costantemente e per questo ha la capacità di eseguire ogni giorno centinaia di operazioni in profitto.

Sa quadagnare dai piccoli movimenti, ma è in grado di prendere anche interi trend.

E sull'operatività chiunque ha qualcosa da imparare da lui.

Per questo, quando vado nella sua sala trading di Cavarzere, non proferisco mai parola sui metodi operativi con i suoi studenti.

Anche perché molti guadagnano cifre di tutto rispetto.

Mentre altri...

Beh altri hanno regalato al mercato decine di migliaia di euro.

Non perché non siano a conoscenza del metodo corretto. Anzi... Arriviamo tutti dalla stessa scuola. Quella di Paolo.

Quelli che perdevano denaro, erano sempre in rosso perché non sapevano gestire l'emotività.

Non appena vai sotto stress, perdi denaro. È matematico.

Infatti, ogni volta che ho l'occasione di parlare con un trader che è ancora in una fase embrionale di questo lavoro, gli consiglio di ridurre la size fino a che il cuore smette di battere all'impazzata.

Se non riesce a essere completamente confident con quella cifra, è necessario abbassare l'esposizione a mercato.

Inoltre un trader, deve capire che quando clicca per entrare a mercato, deve sentirsela l'operazione.

Io, quando entro, devo essere convinto che il mercato dovrà andare nella direzione che dico.
Non è accettabile pensare:

"Io ci provo, al massimo prendo lo stop".

La titubanza è il fattore primario di percentuali di successo basse.

Mai partire con l'idea che potrebbe andare male.

Questo però è ciò che consiglio ai già studenti di Paolo, in quanto hanno a disposizione le informazioni corrette per poter vedere come si svilupperà il grafico nei minuti successivi e prevedere con ragionevole certezza il movimento.

A chi invece non ha ancora fatto uno dei corsi di Paolo, non posso che consigliargli di fare un piccolo investimento e appropriarsi di informazioni che possono permettergli di imparare la professione nel minor tempo possibile.

Ti auguro buono studio,

Un saluto,

Massimo Gaspari – il cecchino.

Intervista a Natale Frattarelli

Ciao,
mi chiamo Natale Frattarelli.

E nel gruppo di Paolo sono famoso per la mia assoluta calma nell'osservare i mercati finanziari e attendere fino a quando si palesa l'operazione perfetta.

Di indole sono un tipo molto calmo, pacato e ho sempre perseguito l'obiettivo di crearmi una vita molto rilassata.

Ma il mio approccio al trading non è sempre stato così spensierato.
Anzi. Il metodo di Paolo mi ha aiutato incredibilmente a raggiungere il mio obiettivo personale.

Prima però ho preso tante batoste.
Infatti, ho iniziato nel 2014 a fare trading e ho studiato ovunque, lavorando con i cfd su alcuni conti che ho utilizzato come test.

Questi mi hanno permesso di conoscere alcuni formatori, i quali mi hanno dato modo di scoprirne altri, fino ad arrivare a Paolo.

Il formatore che più di tutti mi ha aiutato a fare del trading, una professione costantemente redditizia.

L'ho conosciuto molto tempo fa e per diversi mesi mi sono

sempre limitato ad ascoltare le sue dirette e a leggere i suoi post e articoli di blog.
Ai tempi studiavo molto e ho imparato tantissime tecniche e approcci profittevoli da svariati professionisti.

Tuttavia, avevo l'impressione costante che mi mancasse qualche pezzo del puzzle.

Facevo progressi molto lentamente, impegnavo un sacco di tempo sui grafici e avevo spesso l'ansia da click.

Questo fino a quando durante una delle sue dirette del lunedì lessi un commento di un mio amico trader professionista che guadagnava già molto bene e ringraziava Paolo per la sua professionalità.

Finita la live ho deciso di chiamarlo, per avere qualche informazione in più su Paolo.
Era stupito che non avessi ancora fatto un suo corso perché secondo il suo parere, Paolo era il numero 1.

"Se non hai fatto un corso di Paolo è come se non avessi imparato ancora nulla". Mi disse.

Nonostante facessi già trading e ogni tanto qualche soddisfazione riuscissi a portarla a casa, decisi di investire nei corsi di Paolo per migliorare ulteriormente come professionista.

Senza ombra di dubbio è stato il miglior investimento che abbia mai fatto.

Ci sono esperienze che in un attimo possono cambiarti per sempre la vita...

Paolo mi ha stravolto il metodo di approccio ai mercati finanziari e i benefici che ho ottenuto non hanno un prezzo.

Però non voglio dirti che sia tutto rose e fiori.

Io per raggiungere il livello attuale, ho dovuto investire un mucchio di tempo a studiare i corsi di Paolo, per poter spendere poi moltissime altre ore davanti ai grafici a comprendere i movimenti tipici di ciascuno strumento finanziario.

Precisamente, ho studiato ciascun video del suo corso sul Volume Profile 11 volte e per aver la certezza che avessi capito ogni dettaglio della strategia, ho spiegato il metodo a mia moglie, una donna che prima di allora non aveva mai visto una candela di un grafico, non sapeva come si inserissero a mercato gli ordini e così via.

Ha capito molto in fretta il metodo, le ho mostrato la piattaforma e ha eseguito il suo primo trade della vita, ed è andata in profitto.

Da quel momento in poi, anche lei ha iniziato con tutta la prudenza del mondo a operare, e oggi, guadagna anch'essa dai mercati finanziari.

Dopo il periodo di studio intenso ho iniziato a operare in reale e ho potuto tastare in prima persona i nuovi vantaggi acquisiti. Finalmente sono riuscito a:

- aumentare in modo consistente i guadagni,

- diminuire il numero di ore passate davanti ai grafici,
- avere la visione cristallina del mercato,
- operare chirurgicamente con stop stretti e Gain ampi,
- raggiungere il massimo livello di relax e spensieratezza davanti ai grafici.

Ironia della sorte, io prima di conoscere Paolo ero convinto di sapere tutto. Ma da quando lo seguo, ho dovuto stravolgere l'approccio.

Ad esempio, in tutti i corsi che ho fatto, tutti parlano del money management, ma utilizzano delle strategie con stop loss poco logici, sommari e soprattutto ampi.

Paolo invece, oltre a trattare il money management, insegna strategie che vanno a cercare "il pelo nell'uovo" del mercato e permettono di inserire stop loss molto stretti.

Quando puoi guadagnare 100 € a operazione, **rischiandone solo 20...**
è tutto un altro trading.

Operare rischiando meno capitale possibile e ricercare il massimo guadagno è in assoluto il metodo che perseguo ogni giorno, per ciascuna operazione che faccio.

E consiglio a chiunque di utilizzare questo approccio sui mercati finanziari.

Perchè oltre a poter guadagnare tanto rischiando poco, abbatte anche la componente psicologica.

Gli stop loss millimetrici sono solamente uno dei comandamenti che Paolo mi ha insegnato nei suoi corsi.

I suoi concetti di Mani forti e volumi sono un altro comandamento che ha una rilevanza incredibile nella mia operatività.

Il resto dei comandamenti di Paolo sono altrettanto importanti e, in qualunque suo corso, lui li spiega magnificamente.

Oggi, la mia operatività è molto tranquilla. Dopo aver speso migliaia di ore davanti ai grafici ho capito che l'S&P500 è il mio strumento preferito e c'è un orario operativo che mi toglie molte soddisfazioni.

La mattina accendo il computer e analizzo i grafici. Controllo i livelli, nel caso li sistemo, ma poi per tutta la mattinata lascio stare questa attività e mi dedico a un altro lavoro.

Dopo pranzo, verso le 14 inizio a dare un occhio all'S&P500, ma tendenzialmente non opero, perché le operazioni più profittevoli e che mi permettono di andare in gain molto spesso le individuo a partire dalle 15:30, fino alle 16:30.

In questo frangente eseguo una o al massimo due operazioni che mi permettono di rischiare 1, per guadagnare 5 o 6 volte il capitale investito.

Queste, di solito ci mettono molto poco ad andare in gain. Si parla di qualche minuto.

Dopo di che, indipendentemente dal fatto che abbia guadagnato o perso denaro, chiudo il pc e me ne vado al mare a godermi qualche ora di sole e salsedine.

Se ti stai chiedendo come mai eseguo così poche operazioni, beh, il motivo principale è che sono una persona molto selettiva.

Voglio che il trading mi paghi molto bene per ogni ora che passo davanti ai grafici.

Quindi ricerco il minimo sforzo con la massima resa.

Il metodo mi permetterebbe di eseguire centinaia di operazioni al giorno.
Ma non è il mio obiettivo.

Io cerco la libertà e mi sono accorto che operando sull'S&P500 dalle 15:30 alle 16:30 riesco a prendere dal mercato il massimo possibile.

Questa consapevolezza mi ha permesso di raggiungere la massima tranquillità e rilassatezza.

So esattamente quale è la mia media di successo – che si aggira attorno all'80% – e con i rapporti rischio/rendimento che riesco a raggiungere, anche quando sbaglio le operazioni, non è un grande problema.

Anzi. Accetto che quelle 2 operazioni su 10 fanno parte della statistica e non posso evitarle.

Se stai leggendo la mia testimonianza e sei ancora nella fase iniziale della tua carriera da trader, vorrei permettermi di darti un consiglio.

Sappi che la fase di start è sempre la più faticosa.
Quando parti da fermo, la macchina consuma molta benzina per partire. Invece, una volta raggiunta la velocità di crociera, i consumi si decimano.

Allo stesso modo funziona con il trading.
La fase iniziale è quasi sempre negativa e in questo frangente è importante evitare di fare disastri.

Se utilizzi dei metodi sbagliati, con stop loss larghi e gestioni delle operazioni che ti espongono più del dovuto sul mercato finanziario, sei spacciato.

Perchè è matematicamente certo che le ingenti perdite non ti faranno acquisire il corretto appeal e soprattutto ti allontaneranno dall'idea che il trading possa essere un lavoro che permette compensi costanti.

Se invece gli errori ti costano poco e ammetti a te stesso di essere in una fase di apprendimento, avrai il tempo necessario per imparare una nuova professione senza accumulare perdite significative.

Superato il periodo critico iniziale potrai impostare la tua strategia in base ai tuoi obiettivi.
Come ti ho detto all'inizio, io ho sempre richiesto al mercato la

possibilità di spendere meno tempo possibile sui grafici.

Ottenendo al contempo il massimo profitto possibile.

Ma so di molti trader che invece hanno una visione diversa dalla mia.

Preferiscono stare a mercato molto più tempo. lavorano 8 ore al giorno ed eseguono 10, 20, 100 volte tanto il numero di operazioni che eseguo io.

Ovviamente guadagnano più di me.

E se questa è la vita che gli piace fare, sono contento per loro.

Il trading è il mestiere più difficile del mondo, ma allo stesso tempo è l'unico che ti concede la più totale libertà di scelta.

Spero tu abbia trovato qualcosa di interessante leggendo la mia storia.

Ti auguro di raggiungere i tuoi obiettivi nel minor tempo possibile.

Un saluto,

Natale Frattarelli.

Conclusioni

Siamo giunti alla fine di questo libro.
Scriverlo è stato uno dei lavori più faticosi e allo stesso tempo appaganti che abbia mai fatto.
È il frutto di 22 anni di studio, test, ricerche e oltre 5 milioni di operazioni eseguite.

Se hai trovato rivoluzionari, innovativi o anche solamente interessanti questi concetti, ho in serbo per te un fantastico regalo.

Solo per i lettori di questo libro ho riservato un video esclusivo, che ho chiamato:

"sulle tracce delle mani forti"

È un ulteriore approfondimento di questo libro.
Ti mostrerò esattamente come scovare le tracce delle Mani Forti e come impostare un'operatività profittevole basata sui loro movimenti.

Questo consente di entrare a mercato con Stop ridicoli, Gain ambiziosi, e, cosa fondamentale, permette di operare con successo su qualunque strumento.

Ecco nel dettaglio cosa ho inserito:

- L'unica cosa che fa realmente muovere il prezzo di qualsiasi strumento finanziario, dal mercato delle grida ai giorni nostri.

- Le informazioni – non visibili nei grafici a candele – che permettono di capire con ragionevole certezza se, e dove un trend invertirà la sua corsa.

- Denaro e Lettera – Bid e Ask... cos'è e come funziona nel dettaglio il Book di negoziazione.

- I movimenti sospetti, nascosti all'interno del Book, che mi hanno permesso di capire che i mercati sono manipolati.

- L'operatività pratica usata dalle Mani Forti per far decollare oppure crollare un titolo di Borsa.

- Gli ordini Iceberg, ovvero come le Mani Forti impediscono al prezzo di un titolo di muoversi senza che i trader retail se ne rendano conto – e l'unico strumento in grado di rivelare questa loro strategia.

- Perché quasi tutti gli indicatori messi a disposizione dalle piattaforme di trading sono assolutamente inutili e persino dannosi per i trader retail.

- L'unico indicatore grafico che io utilizzo per seguire come un segugio le orme lasciate dalle Mani Forti e guadagnare dai mercati accodandomi alla loro operatività quotidiana.

- Cosa sono e come individuare le aree di equilibrio del mercato, e le fasi di eccesso...

... e perché il mercato probabilmente tenderà a riequilibrare gli eccessi (su questo concetto si poggia tutto il metodo che mi consente di guadagnare sistematicamente dai mercati).

... E molto, molto altro...

Riceverai delle email con il link di invito a un webinar gratuito intitolato Sulle Tracce delle Mani Forti

È gratis!

Spero di aver fatto cosa gradita,

Un saluto

Paolo Serafini.

Ringraziamenti

Ai miei genitori che hanno sempre fatto il possibile per farmi stare al meglio.

Vi ringrazio per l'educazione, l'etica e i principi che mi avete insegnato. Se oggi sono apprezzato come persona, è merito vostro.

A tutti i miei corsisti, che mi hanno dato modo di crescere come persona e come trader. Alcuni pattern li ho intuiti grazie alle vostre parole.

Se oggi sono un trader paziente e disciplinato é tutto merito vostro.

Ad Amos, che mi ha spronato ad aiutare quante più persone possibili.
Senza di lui avrei continuato a fare i miei corsi in aula per poche decine di persone all'anno.
Oggi invece chiunque ha la possibilità di imparare i miei metodi comodamente da casa.

Alla mia compagna e le mie due figlie, che hanno il potere di allietarmi anche le giornate più difficili.
Siete il motivo di tutto questo.

Paolo Serafini.